歴史文化ライブラリー
218

中世武士の城

齋藤慎一

吉川弘文館

目 次

中世のお城――プロローグ

イメージ中の〝城〟

「お城」と言ったらどのようなイメージを持ちますか？

最初によくする設問である。日常会話のときなどでこの質問をすると、多くの聞き手は姫路《ひめじ》城や大坂城を思い浮かべる。端的に言えば、近世城郭《じょうかく》の天守《てんしゅ》をイメージしていると返事がある。おそらく、「城」の語がもつ一般的なイメージはこのようなのであろう。

しかし、専門家はこのイメージを否定する。「天守だけではなく、周囲に広がる二の丸・三の丸、そして外郭線までも含めるのです。江戸城だと千代田区はもとより全域で隣接する中央区や港区にまでも及びます」と説明する。このような具合に「城」の語が持つ学問的な内容を説明する。

また、講演会など、やや歴史に詳しい人を相手に、次のような一歩踏み込んだ質問をすると、対応はやや異なる。

中世のお城と言ったらどんなイメージを持ちますか？

回答として期待しているのは、「天守が聳《そび》え、石垣が巡り、その上に白塗りの櫓《やぐら》や壁があって、その下には満々と水を湛《たた》えた堀がある。そこで華々しい戦闘が行われている」という返事。たとえ返事がなくとも、自らこんなイメージではないですかと問いかけ、「そうだ！　そうだ！」と強制的にうなずかせる。そうでないと話は始まらない。

それに対する受け答えもいつものごとし。「いえいえ違うのですよ。天守・石垣・水《みず》堀《ぼり》・白塗りの櫓や壁などがそろった『豪華な』城とは江戸時代のものなのですよ。中世の城とはもっと『素朴』なものなのですよ。城という字を見てください。『土から成る』と書くでしょう。中世の城に石垣はなく、土を盛り上げた土塁《どるい》や斜面を削った壁面、水堀ではなく空堀《からぼり》なのです。天守なんて建物はありませんでした。そんな城で合戦が行われていたのですよ。そもそも鎌倉時代の初めには、四角く土塁と水堀を巡らした館、方形《ほうけい》居館があって、これが中世城館《じょうかん》の起源と考えられています。この方形居館が複雑に発展して戦国時代に至ったのですよ」、こんなふうに応えていた。

そもそも学問的に使用される語はその時々の研究状況に規定されるものであり、絶えず流動的な危《あや》うさを含んでいる。そして日常的な受容度がどれだけあるかを踏まえたならば、その時の学問的な内容が常に正しいとはいえない。言葉の難しさである。天守のみを城と捉える考え方は、現在では一般的な見解であることは間違いない。過去に存在したことのない天守を観光目的で建築し、城跡を破壊した事例の多さは、端的にこの事実を物語っているのではなかろうか。決してこの動向を肯定するわけではないが。少なくとも日常的にわれわれが使用する「城」の語が持つ語意は、決して一様ではない。同時代的にも一義ではないし、歴史的には当然ながら変遷もあったはずである。そもそも「城とはこうだ！」と一言で語ることに無理があるのだろう。

さらに驚くことには、中世城館に関するイメージについても、先に語るような回答ではもはや学問的に満点であるとは言えなくなってきた。近年の中世城館をめぐる研究の進展は著しく、中世城館の概念は以前と異なってきたのである。

例えば方形居館を中世初頭に遡《さかのぼ》らせることができるかどうか、議論が重ねられている。少なくとも平安期の開発領主の拠点として方形居館を考えることは難しいであろう。また

姫路城　喜斎門付近よりの天守

豪華な天守と高い石垣，そして水堀.「城」のイメージはこのようではなかろうか．写真は姫路城であるが,「城」がこのような景観を呈するようになるのは江戸時代初頭になってからである．写真のような姫路城も元和４年（1618）の工事を経て出現したと考えられている．

城館比較写真

大戸城　堀切と郭

大戸城は群馬県東吾妻町にある山城．真田氏の拠点として著名な岩櫃城を攻略するために戦国大名北条氏が築いたと考えられる．写真の右手より左に下る尾根に二本の堀切（尾根を遮断する空堀）と削平地が設けられているのがよくわかる．中世城館はこのような素朴な普請によって基礎が成り立っていた．

図1　近世と中世の

石垣は近世のみの産物でないことが明らかになった。戦国時代に普請《ふしん》されていることは間違いない。問題はいつまで遡るかということである。それから戦国時代末と思われていた山城《やまじろ》を発掘調査すると、一五世紀末にまで遡る事例が数多くみられるようになった。城館の構造が戦国時代を通じて右肩上がりに発展するものだと考えることはもはやできなくなった。

現代のわれわれがイメージする中世城館は、合戦《かっせん》すなわち戦争と切っても切れない関係にある。実際の戦争の中で舞台となった中世城館は枚挙《まいきょ》に暇《いとま》がない。中世城館といえばすなわち戦争を意味し、両者が直結し、切り離すことができないほどの確固たるイメージがある。このことを中世城館の現代的なイメージと仮に呼んでおきたい。

しかし、このイメージはあまりにも固定的すぎるのではなかろうか。近年における研究の進展は、中世城館にかかわるイメージが戦争だけでは語れないことを示している。近年の中世土器研究は威信材《いしんざい》やカワラケから城館のなかにあった権威の場、すなわち政治的な場の存在を明らかにしている。文献資料に基づく年中行事や有職故実《ゆうそくこじつ》の研究は、城館の中での儀礼を明らかにした。建築学は会所や主殿など日常的な儀礼の場の存在、そして設計された都市を訴えている。「そこで華々しい戦闘が」という回答は、実に一面的なイメージでしかない。

中世城館という存在は、もはや戦争論とそれに付随する技術発展論だけでは説明できないところにきている。二一世紀を迎えたところで城館研究は大きな岐路《きろ》にさしかかった。

『玉葉』のなかの城

源《みなもとのよりとも》頼朝が本拠を構えた鎌倉（神奈川県鎌倉市）を、九条兼実《くじょうかねざね》は日記『玉葉《ぎょくよう》』のなかで「鎌倉城」と呼んだ。このことは古くから知られている。この「鎌倉城」の実態についてさまざまな見解がある。三方を山で囲み、南は海に面するという天然の要害《ようがい》の地であるがゆえに「鎌倉城」と呼称したのだという古典的な意見がある。近年、この見解に対して痛烈な批判が浴びせられている。本書の最後で論じるが、この時期の鎌倉はそれほど大規模なものではない。そして多くの論者が指摘するように堀切《ほりきり》や土塁を備えた存在でもない。

『玉葉』を点検するとほかにも多くの城が登場する。「湛覚城」・「武田城」・「山下城」・「光長城」・「蒲倉城」・「安房国城」・「藍津乃城」・「津留賀城」などである。「鎌倉城」を含め、兼実がこれらの城を実見したとは当然のことながら思えない。何らかの情報に基づいて、「城」の語を兼実が付していることになる。そこに「城館」の実態を解く鍵がありそうである。共通する事項の一つには、それぞれの地域での有力者が拠点としている場であることがあげられる。

治承《じしょう》・寿永《じゅえい》の内乱期であるから、これらの「城」が軍事的に取り立てられたのであろうか。しかしどうやらそうではない。兼実は身近の熟知した場所についても「城」の文字を使用している。「宮城」・「城外」・「平安城」・「洛城」・「都城《とじょう》」・「王城」・「城南」・「出城」などである。「宮城外郭」と記したこともある。これらはいずれも京都を指している。『玉葉』に限らず『兵範記《へいはんき》』には「洛陽城」の記載が見え、著者平信範《たいらののぶのり》自身も「宮城」の語を使用する。また中山忠親《ただちか》の『山塊記《さんかいき》』にも「宮城」・「城南」・「城外」などの語が使用されている。さらに鎌倉時代の京都について「洛陽城」「平安城」と記した文献はほかにもある。兼実が使用した「都城」の語に見られるように、京都は中国の都城設計の影響を受けている。この「城」には中国の影響があることは間違いない。これらの用例は「城」の語を軍事的な存在とみなすことに警鐘を鳴らしてはいないだろうか。

兼実の書き記した「城」は、およそ戦国時代の「城館」とは異なる実態であったことは間違いない。しかし、鎌倉時代と戦国時代の両時代に共通した点もあったのだろう。兼実はどのような実態を指して、「城」と認識したのだろうか。

同時に兼実が記した「城」の実態を、今日の我々が容易に想像できないことも確かである。時代の変遷は「城」の語彙に変化をもたらしたのだろう。「城」はどのような変化をたどったのであろうか。

〝城〟とは何か！

中世城館は、すくなくとも、地域におけるある階級の他の階級に対する支配拠点であり、その具体的在り方を示すものである。それは1つに一定の地域における地域史研究の進展の中で、より具体的に論じなければならない課題であろう。（橋口一九七五）

橋口定志は中世城館研究を行う意義をこのように述べた。この城館に関する考古学的定義付けは中世考古学が花開き始めた頃になされている。

その後、各地で城館の考古学的調査が行われ、その成果が問われるようになった。この定義から一二年後、「各地域における、考古学の立場からの中世史研究の核になりうる遺跡である」とし、「軍事史的な視点だけではなく、地域支配の在り方自体の反映であると考えられる点を配慮すべきである」（橋口一九八七）と主張した。中世城館を中世を通して理解するための素材として認識したのである。

最初の定義がなされたのは一九七〇年代である。文献史学ではまだ社会構成論が議論されており、武士に関する議論も領主制論への問題意識が力強かった時代である。平安時代に東国で生まれた武士が、鎌倉時代を迎えて地頭《じとう》になり、さらに守護大名《しゅごだいみょう》や国人領主《こくじん》へ、そして戦国大名へと発展成長していく。そのような右肩上がりの武士がイメージされていた。したがって、橋口の定義もその影響を強く受けているはずである。「考古学の立場からの中世史研究の核」と発言した背景にはこのような研究動向があったと考えられる。しかし、「軍事史的な視点だけではなく」とわざわざ付した点は注意したい。

橋口の主張にやや遅れる一九九〇年代の初頭、青森県青森市浪岡《なみおか》町に所在する浪岡城のシンポジウムのなかで、石井進は次のような発言をしている。

中世の城とは決して単なる軍事的要塞というだけのものではない。むしろ中世における集落、都市の一種でもある。一見すると、「えっ、これが本当に城なの」と思われるところに実は浪岡城の大変大きな意味があるのだ、何故ならそれによって、中世の城の重要な側面が明らかになる、それを通じて都市や集落がそのような性格を帯びざるを得なかった、中世という時代の特色が明らかになるのだと、私は申し上げたいのです。（石井一九九二）

この発言に先立って、網野善彦・石井両氏は北海道上ノ国《かみのくに》町の勝山館《かつやまだて》を素材とした鼎談《ていだん》（網野・石井・福田一九九〇）の中で（網野）「だからこれまでの城に対する捉え方は根底から考え直す必要がある」（一二四頁）、（石井）「まさにそうだ！　従来の城の捉え方は、簡単にいえば軍事的拠点論一本槍《いっぽんやり》であり、それがただちに階級支配の拠点論にスライドしていくんですよね」（一二四頁）と、城館のイメージの再検討を促している。

浪岡城と勝山館は、志苔《しのり》館（北海道函館《はこだて》市）・根城《ねじょう》（青森県八戸《はちのへ》市）とならび、道南・青森県に所在する城館である。これらの城館は一乗谷朝倉《いちじょうだにあさくら》遺跡（福井県福井市）の取り組みに続いて実施された中世遺跡の調査・整備の実践例であり、列島全体の中では先駆的な取り組みをしている遺跡である。

城館研究は近年にいたるまで、縄張《なわば》りを軍事的に観察する方法、いわゆる縄張り論が主流であった。その役割は現時点でも有効性をもっていることは間違いない。しかし、二〇世紀の終わりに近づいた頃、一乗谷朝倉遺跡や葛西《かさい》城（東京都葛飾区）などの考古学調査の成果が蓄積された。これにより新たな視覚で中世の分野が解明され始めると、中世考古学の役割に期待が寄せられるようになり、さまざまな事実が明らかになり始めた。一九九〇年代は成果が各地のシンポジウムで問いかけられた時代だった。

「〝城〟とは何か！」

この黙して多くを語らない考古学調査からのメッセージを、積極的に受け止め、声を大にして発言したのが、文献史学者である石井進であり、網野善彦だった。従来の城館研究を見直そうではないかと考古学・文献史学が提起している。この重要性は今も変わらない。

無論、この背後にはさまざまな蓄積があった。古文書に見られる「堀ノ内」の語と方形居館の発掘調査による実像とを立脚点とした方形居館論争。文献資料や地籍図《ちせきず》を駆使した城下町構造の復元研究は代表的なものであろう。それらの上に立って、「〝城〟とは何か！」は問いかけられていると考える必要があろう。

その時に基点とすべきは、先の橋口が主張した「軍事史的な視点だけではなく」であり、石井の発言にある「中世の城とは決して単なる軍事的要塞というだけのものではない」という視点なのであろう。

しかし、中世城館の現代的なイメージの中では、華やかな合戦のシーンの中に城館はある。軍事的な役割は大きいことは事実であり、否定することはできない。しかし問題提起を踏まえるならば、この中世城館の現代的なイメージを疑ってみてはどうだろうか。本書の出発点はそこにある。

「武勇」と「安穏」

そもそも中世という社会は本質的に戦争を好んだ殺伐《さつばつ》とした社会だったのだろうか。このことを是《ぜ》とするならば、城館も軍事的な視点のみで語れるのかもしれない。しかし、中世史研究においてはこの視点に異議を唱えた研究者がいる。

黒田俊雄の著作に「中世における武勇と安穏」（黒田一九八一）という講演記録がある。黒田は、中世においては「武勇」を尊ばれるものではなく、迷惑視する感覚が優越していたのではないかと述べた。そして次のように語っている。

私は、中世の圧倒的多数の人々が真に念願し、ときに謳歌《おうか》したものは、武勇でも合戦でもなく、むしろ逆の意味あいをもつ「天下太平（泰平）、国土安穏《あんのん》」ということであったとおもいます。

そして、中世人が「安穏」を希求したのは当時の社会環境にあるとする。

貴族といわず庶民といわず、中世の社会に生きる者なら程度の差はあれ眼前に見あるいは体験しなければならぬもの、究極は中世の生産力水準と支配関係がもたらす災厄、つまり飢餓《きが》・疾病《しっぺい》・盗難・自然災害・収奪・戦乱などが、いつも人々の安穏を脅《おびや》かし、無惨な悲劇的な話題にはこと欠かなかった時代でありました。〝安穏〟は、単に戦乱をまぬがれることよりもはるかにひろくまた根元的な、しかも現実的な願望をこめる言葉であったといわねばなりません。それは、戦争がないという意味での今日の「平和」という語よりも、もっと幅広く奥深い意味を持っていました。
また、対置される概念である「武勇」については、
安穏が根元的・絶対的価値をもつのに比べれば、武勇は、否定するにせよ肯定するにせよ、相対的な限られた意味しかありませんでした。そして、その意味で、容認される武勇、肯定される武勇というものも、ありえたわけです。すなわち、それは、安穏を守るための武勇であり、このように制御・統制された武勇です。幕府とその下の武士は、それを制度化したものでしたが、したがって、武勇がそれ自体至高のものとされることは理念上も制度上もなかったわけですが、反対に一切の武勇が否定されたのでもなく、限られた意味で是認されていたわけです。

と述べ、中世社会を「武勇」で理解することに警鐘を鳴らす。「武勇ではなく安穏こそが、この世における至高・無上・究極の価値であっただろうとおもいます」と述べ、その思いが『法華経《ほけきよう》』薬草喩品《やくそうゆほん》の「現世安穏《げんぜあんのん》、後生善処《ごしようぜんしよ》」に託されていると主張したのだった。

社会構成について領主制論を批判し、権門体制《けんもんたいせい》論を主張する黒田の立論であるゆえ、その理論の上で本論も理解しなければならないが、この安穏の理解については必ずしも社会

体制論を踏まえずとも聞くべきところは多い。

このような中世社会の現実を踏まえ、中世城館の周辺を見直してみる必要を感じる。そもそも中世において「城」の語意は何らの変化のなかったものであろうか。一義的な内容しか意味しなかったのであろうか。われわれの持つ城のイメージはどのように形成されたものであろうか。おそらく、城館を再検討してみる必要を感じるのは私だけではなかろう。

本拠

とりわけ、本書では、鎌倉御家人たちの名字の地に注目してみたい。彼らが本拠地とした空間においていかなる城館が構えられたか。

そして、ただ城館だけに注目するのではなく、その周辺の様相にまで注意を払ってみよう。寺院や神社、街道・墓地などである。これらが一定の理論で組み立てられていないだろうか。

何らかの空間設計はあるはずである。この設計にもとづく鎌倉御家人たちの名字の地の空間、そして戦国期城下町につらなるような、地域の中心的な空間を本拠と呼んでみたい。この本拠を通して、中世城館を見直してみよう。

戦国山城の出現

本城の出現

「鎌倉時代に初めて築城されて以来ずっと」という解説を説明看板などでよく目にする。郷土の武士を讃える意図を込めて、郷土においての不動の地位を表現するかのような説明である。しかしこのように解説される城館は戦国時代に使用されている城館であって、鎌倉時代以来と付すことは間違いであることが多い。

越後国奥山庄鶏冠城

まずはそのあたりから論じてみたい。

享徳《きょうとく》三年（一四五四）、越後《えちご》国奥山庄《おくやまのしょう》の領主である中条房資《なかじょうふさすけ》が長文の記録を書いた。宝徳《ほうとく》二年（一四五〇）には嫡子《ちゃくし》朝資に宛てて譲状《ゆずりじょう》を認め、かつすでに秀叟《しゅうそう》という法名《ほうみょう》を名乗ることから、老齢であったに違いない。この記録に興味深い述懐がある。

此時鶏冠《とさか》城を誘《こしら》える、彼《か》の要害《ようがい》は城《じょう》太郎資持の後、曽祖父茂資が閉籠《へいろう》をなす、其中間は一百二年、今度、房資が再興するものなり、子孫において捨てるべからざるものなり、

（『新潟県史』一三一六）

鶏冠城（鳥坂《とさか》城とも）は建仁《けんにん》元年（一二〇一）に城資盛が使用した後、私の曽祖父にあたる三浦和田茂資《みうらわだもちすけ》が籠城し、この度、自分、中条秀叟が享徳二年に再興したと鶏冠城の歴史を簡潔に記載している。

新潟県の北部、胎内《たいない》市は近衛《このえ》家領であった奥山庄の故地として知られる。地頭《じとう》三浦和田氏に関わる文書が多く残り、二枚の荘園絵図が伝えられる。東の飯豊山地《いいでさんち》に源を発し、日本海に注ぐ胎内川が潤すこの地域は、中世の面影をよく伝えており、地域霊場の存在も知られている。三浦和田氏だけでなく奥山庄に関する研究も多く、中世史の代表的な研究フィールドである。そのため関連する遺跡が群で国史跡に指定され、目下、江上館《えがみやかた》を中心に調査・整備が進んでいる。

三浦和田氏が奥山庄地頭職を得たのは鎌倉時代はじめであるが、元寇《げんこう》の脅威が列島を席巻した建治《けんじ》三年（一二七七）、地頭高井道円《たかいどうえん》は同庄を北条・中条・南条に三分割し、子息

に所領を譲与した。この分割された所領は現代にまで影響を与える領域となった。以後戦国期にいたるまで北条に黒川氏、中条には中条氏が本拠を構《かま》えることになる。記録を書いた中条房資は、この奥山庄中条の一五世紀中頃の領主である。

話題の中心である鶏冠城は、この奥山庄中条のうち、現在の新潟県胎内市羽黒《はぐろ》にあった（図2参照）。標高四三八・五メートル、山麓との比高《ひこう》差、約四一〇メートルの鳥坂山に比定《ひてい》され、残念ながら時期不明であるが山頂にわずかの遺構を残している。非常に要害堅固な地である。ただし、房資が再興した鶏冠城の中心は山頂よりやや西側に下った場所であろう。東西方向に稜線《りょうせん》が連なる白鳥《しろとり》山に堀切《ほりきり》を普請《ふしん》し、郭《くるわ》が連なる遺構がある。この場所は白鳥《しろとり》城と通称される。房資の山城はこの遺構の場所にあたると推測される。

中条房資記録

享徳三年（一四五四）に中条房資によって書かれた記録は全体で一一ヵ条にわたる。曾祖父茂資・祖父政資《まさすけ》・父寒資《さむすけ》の事跡が最初の三ヵ条に掲げられ、四ヵ条目には房資の自分史が語られる。

冒頭の茂資の箇条は比較的長く書かれ、薩埵山《さつたやま》合戦での忠節を明示するなど足利尊氏《あしかがたかうじ》との関わりについて触れる。また庶子《しょし》家築地《ついじ》を興《おこ》した経緯についても記す。房資は記録の中で曾祖父茂資を一族の祖に位置づけ、南北朝時代を一族の歴史の出発点にしている。

これに対して、祖父政資・父寒資の箇条は短く簡潔に記載する。しかし、両世代ともに戦乱があり、越後守護《しゅご》上杉家に忠節を尽くして働いたことが明示されている。そして、父寒資の代に在京から越後在国に変わったと記載する。簡潔な文章の中に書かれた記述ではあるが、在国への変化は房資には大きな変化として認識されていたに違いない。すなわち、越後国内に腰を据えた領主中条氏という画期を認識していたと考えられる。

四箇条目の自分史はさすがに長い。その記述の大部分を戦乱が占めている。特に応永《おうえい》三二年（一四二五）一〇月には長尾定景《ながおさだかげ》・長尾実景《さねかげ》が加地《かじ》・新発田《しばた》・豊田《とよた》・白河《しらかわ》の軍勢《ぐんぜい》を引き連れて、奥山庄内関沢《せきざわ》から金山《かなやま》にかけて布陣したことが記載される。この時の敵方は北に接する黒川氏と荒川保《あらかわのほ》の勢力であった。そのため、中条房資は自らの居館を引き払い、「河間《かわま》々城」に籠もった。この時には鶏冠城は舞台に登場しない。敵方は中条氏に向けて勢を動かし、およそ一ヵ月の間、奥山庄中条は戦場と化した。房資は一所懸命の地が踏み荒らされることを間近に目撃したことになる。

続く五ヵ条目は、曾祖父茂資が足利尊氏から得た所領を列記する。

六・七ヵ条目は京都と関東情勢。六ヵ条目に鎌倉公方足利持氏《かまくらくぼうあしかがもちうじ》が自刃《じじん》する永享《えいきょう》の乱（永享一一年〈一四三九〉）と持氏遺児を擁して結城氏朝《ゆうきうじとも》が立て籠もった翌年の結城合戦が記載

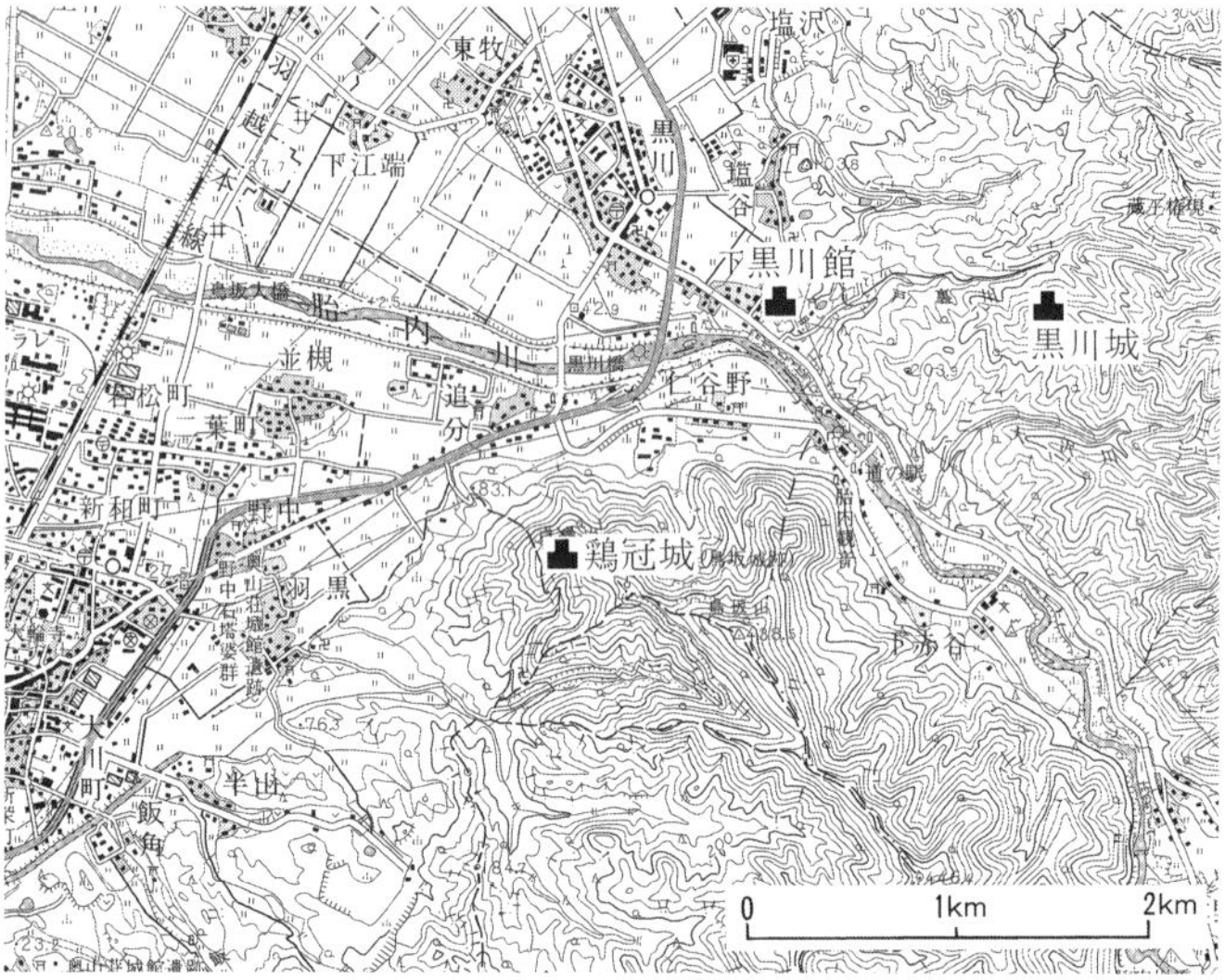
塩沢
東牧
下江端
黒川
塩谷
下黒川館
黒川城
胎内川
並槻
追分
仁谷野
石松町
一葉町
新和町
野中
鶏冠城
羽黒
下赤谷
半山
飯角
0
1km
2km

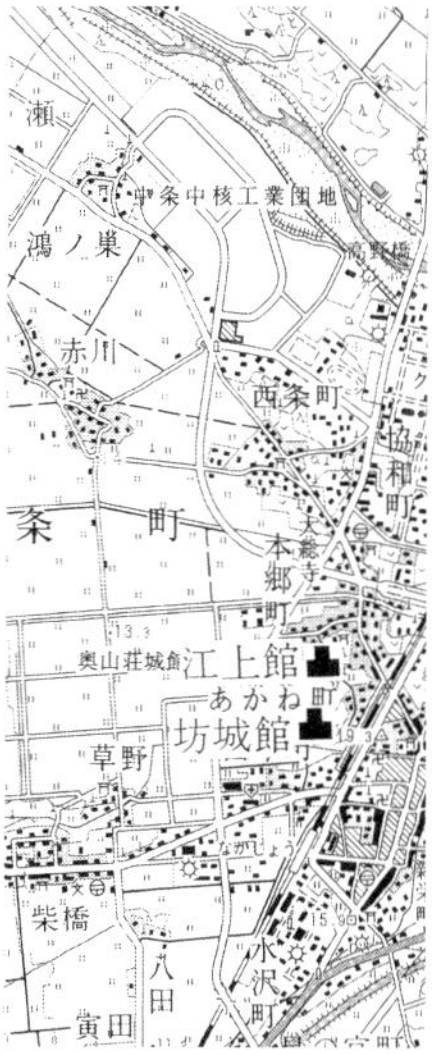

図２　越後国奥山庄周辺図

国土地理院発行１:500,000地形図「中条」に加筆し，作成.

奥山庄は11世紀半ばに成立した荘園である．越後城氏が基盤としたと考えられるが，同氏が建仁元年（1201）に滅亡すると，三浦和田氏が地頭職を得て，勢力を誇った．三浦和田中条氏の館とされる江上館や要害の鳥坂（鶏冠）城ほかなどが，奥山荘城館遺跡として国史跡になっている．近年，江上館に先行する坊城館も追加指定された.

図３　鶏冠山城遠景

鶏冠城は新潟県胎内市羽黒にあった．標高438.5メートル，山麓との比高差，約410メートルの鳥坂山頂に比定され，現在も時期不明であるがわずかの遺構を残しており，非常に要害堅固な地である．戦国期は西側に下り，現在，白鳥城と通称される城郭を築いている.

される。続く七ヵ条目には結城合戦戦勝の祝宴で起きた将軍足利義教《よしのり》の暗殺にともなう嘉《か》吉《きつ》の変（嘉吉元年〈一四四一〉）が続く。いずれも房資の時代に起きた事件である。

八・九ヵ条目は越後守護上杉房朝《うえすぎふさとも》と房定《ふささだ》についてである。房朝は文安《ぶんあん》三年（一四四六）に、房定は宝徳二年（一四五〇）に越後国に下ったとそれぞれの箇条で記載する。そして両箇条とも国内での軍事行動について触れている。

以上までのところを概観すると、五ヵ条目を除くが、曾祖父茂資から自身房資に至るまでのおよそ一二〇年ほどの歴史が、焦点となる人物に分けて記載されていることになる。そしてその内容の焦点は戦乱だったことになる。房資にとって一族の歴史はまさに戦乱の歴史だったのだろう。

房資がこのように記録を書き綴った九ヵ条目に、先の鶏冠城再興の記事を載せる。

鶏冠城再興

鶏冠城の起源は越後国に勢力を誇った城氏に関連する。建仁元年（一二〇一）五月に城《じょう》資盛《すけもり》が鎌倉幕府に反旗を掲げ、鳥坂城（鶏冠と音が共通する）に籠もり、破れた戦乱がある（『吾妻鏡《あずまかがみ》』同年同月一四日条）。房資記録に登場する城太郎資持とは、この人物を指す。

その後に鶏冠城が使用されたのは記録に曾祖父として登場する三浦和田茂資である。茂資が下国を命じられて越後国に到着したのは貞和《じょうわ》二年（一三四六）であるので、鶏冠城を活用したのは観応《かんのう》の擾乱《じょうらん》の頃となる。茂資はこの際に尊氏派として転戦しているが、具体的に鶏冠城が用いられた史料は残念ながらこの記録のほかにはない。

少なくとも文献資料からは享徳二年（一四五三）の中条秀叟再興にいたるまで、城資盛以降、三度の使用が認められる。一見してこの鶏冠城は鎌倉時代初頭より存在していたように思える。しかしながら秀叟は茂資が籠城してより後、「其中間一百二年」の期間を経て「再興」したと述べており、鶏冠城は「廃城」の状態にあった。鶏冠城の記事の書き出しも「此時鶏冠城を誘《こしら》える」とあって、あたかも新規に築いたようである。中条房資の再興に至るまで、この天険《てんけん》を利用し、必要に際して臨時に取り立てられていたのが鶏冠城だった。

再興した鶏冠城を、房資は「要害」と記している。この語は、まさに山城などの軍事的な城館を指している。本書にも示すようにこの鶏冠城の事例に限らず、同様な城館を要害と呼ぶ事例が当該期の史料に多々見られる。この要害の実像は、中世城館の現代的なイメージに近いものであろう。

ところで、この中条房資の再興は従前と異なるものだった。房資は記録に「子孫において捨てるべからざるものなり」と書き込んでいる。従前のように臨時に取り立てるものではなく、恒常的に維持しなくてはならないと子孫に命じているのである。曾祖父茂資以来の事実経過を書き連ねた記録にあって、この部分だけ遺言のような書きぶりになっていることは見逃せない。記録を書いた房資が意図したことの一つは、実にこの点にあったことは間違いない。

鶏冠城を子孫は捨ててはならない。このように房資に思わせた背景はどこにあったのだろうか。記録に即して考えるならば、曾祖父茂資以来の戦乱の世にあったと推測できる。とりわけ応永三二年（一四二五）一〇月には、従前の居館が維持できず、「河間之城」に立て籠もった。そして本領である奥山庄中条が戦場となっていた。自領を維持するには恒常的な要害は欠くことができなくなったと考えたとしても不自然ではなかろう。

常陸国真壁城への移転

中条房資の記録が書かれた時期にやや遅れて、関東地方でも同じような考えを文書に残した人物がいた。平安時代末より常陸《ひたち》国真壁《まかべ》郡に勢力を誇った真壁氏の当主、真壁朝幹《ともともと》である。

要害を築いた年次は明らかではないが、長禄《ちょうろく》五（寛正《かんしょう》二）年（一四六一）五月には、「当城の替えとして尾子崎の屋敷のこと」と書き出して、置文《おきぶみ》を認《したた》める。この時にはすでに新しい要害が営まれていたことになる。その要害こそ国史跡に指定されている真壁城と考えられる。

一五世紀中頃以後、真壁城は連綿と使用され、近世初頭には後に赤穂《あこう》事件の当事者となる浅野家を迎える。現在、城跡で見ることができる姿はこの浅野氏の頃の真壁城であろう。そして近年の発掘調査の成果によれば、その始まりの年代は置文の年代にまで遡っている。

真壁朝幹の時代

応永二四年（一四一七）、関東では鎌倉公方《くぼう》足利持氏と関東管領《かんれい》上杉《うえすぎ》禅秀《ぜんしゅう》の対立によりもたらされた上杉禅秀の乱が終結した。しかし、その後の措置をめぐって常陸国では戦乱状態が継続していた。当時、鎌倉公方足利持氏と室町幕府の支持を受けた山入与義《やまいりともよし》・小栗満重《おぐりみつしげ》は著しい緊張状態にあり、真壁家の惣領《そうりょう》であった秀幹《ひでもと》は反持氏派として両者とともに行動していた。その一連の経過の中で真壁攻めが応永三〇年（一四二三）に行われたのである。足利持氏は小栗満重討伐の軍を起こし、在陣して約一ヵ月で小栗城（茨城県筑西市協和《きょうわ》町）を落城させた。この間の反持氏派の援軍は確認できない。

情勢の緊迫の中、真壁秀幹と朝幹はいかなる行動をとっていたのであろうか。史料によれば、真壁秀幹とその甥にあたる真壁朝幹は将軍足利義持の命令に従い小栗満重に合力《ごうりき》し、

図4　真壁城（空中写真）

1948年撮影．国土地理院所蔵，日本地図センター提供

茨城県桜川市に真壁城は所在する．北は写真の左方向．真壁城は真壁氏累代の本城としてしられるが，近年の調査により15世紀以降の城館であることが確認されている．この点は15世紀中頃に真壁朝幹の時代に本拠の移動があったとする古文書の記載と合致する．また近世初頭には浅野氏が入城した．現在に伝わる姿は中近世移行期の様相を色濃く伝えている．

真壁に「一城」を構えて戦功を尽くした。しかしその際に小栗城とともに足利持氏の軍勢に攻められ落城してしまう。落城後、真壁秀幹の消息は途絶えてしまう。おそらくはこの合戦で死去したのであろう。

合戦後、真壁氏の所領は没収されたらしく、真壁郡内の白井《しらい》郷が鹿島《かしま》神宮へ寄進されるほか、飯塚《いいつか》・窪《くぼ》両郷は宍戸《しし ど》満里《みつさと》に宛行《あておこな》われる。おそらくは他の所領も勲功のあった諸氏に配分されたのであろう。つまり、真壁一族は真壁郡内の自らの名字《みょうじ》の地を離れざるを得なくなった。そして離散後の真壁一族は、本領回復の機会をねらい、各地で活動する。嫡流の真壁慶幹《よしもと》は関東にあって、活動していた。慶幹の異父弟で秀幹の猶子《ゆうし》とされる真壁氏幹は当初、京都で活動しており、その後に常陸に戻ってくる。秀幹の甥《おい》の朝幹は当初、慶幹と行動をともにしていたが、のちに本領の近くに戻り、室町幕府と鎌倉府との対立問題の狭間《はざま》で苦慮しながら、真壁氏の再興に向けて努力する。

しかし、嫡流の真壁慶幹は戦乱の中で行方不明となってしまう。そのため、朝幹は親類一族に支持を受けた氏幹と真壁氏の惣領の地位を争うことになる。所領没収のため基盤を失った武士は一族の結集をめぐっても容易ではなかった。

史料上、本領が回復されたことが具体的に確認されるのは、享徳五（康正《こうしょう》二）年（一四五六）である。この文書は本領の帰属をめぐって裁判が行われたことを示唆している。回復といってもかなりの困難が継続していたことが予想される。

真壁朝幹は古河《こが》公方足利成氏《しげうじ》に従って行動していることが明らかである。したがって相《そう》論《ろん》の相手方は反足利成氏の立場であったと考えられる。このことを示唆するような記事が同年四月四日付足利成氏書状写にある。先の具体的な本領回復を示す史料の前年にあたる康正元（享徳四）年（一四五五）、真壁兵部大輔という人物が、要害を構えて、古河公方足利成氏に抵抗したという記載である。真壁兵部大輔の実名ほか詳細については知ることができないが、真壁氏一族の中で真壁朝幹と敵対する可能性をもった者がいたことを示している。あるいは真壁氏幹ではなかろうか。

実はこの真壁兵部大輔、当時安芸守《あきのかみ》であった真壁朝幹より官位が高いことになる。このことはこの時期に真壁兵部大輔が真壁氏の当主として活動していたことを示すのではなかろうか。しかしこの兵部大輔も寛正元年（一四六〇）に討死《うちじに》してしまう。

先に見た真壁氏幹のその後の動向はわからないが、真壁一族の中に真壁朝幹のほかにも支持を得ていた真壁一族の人物が真壁郡内に存在し、真壁朝幹と惣領の地位をめぐって争っていたのである。

このように見てくると、長く見て三三年間にわたって真壁一族では、一族全員の支持を得た惣領のもとで本領を維持していたのではなかったことになる。つまり、真壁家に見るように、戦国時代まで続いた家とはいえ、領主の本拠は決して安定的に営まれていたとは言えないのである。

真壁朝幹と要害

本領の喪失から回復という困難な時代を歩んだ真壁朝幹が、真壁家の惣領として地位を実質的に獲得した時期はおそらく寛正元年（一四六〇）の真壁兵部大輔の討死後のことであろう。応永三〇年（一四二三）に二〇歳前後であったとしても、この年にはもう六〇歳近くになっている。一族の没落と再興の歴史を真壁朝幹は身をもって味わったことになる。

この真壁朝幹が代替わりを決意したのはこの直後であったらしい。数通の譲状や置文が認められるのであるが、そのうち現存最古の文書が長禄五（寛正二）年（一四六一）五月一五日付けのもので、先に示した「当城の替えとして尾子崎の屋敷のこと」と書き出す置文である。その中では自らの菩提所《ぼだいしょ》を定めており、死期の近さを予測させている。

五年ほど隔てた寛正七年（一四六六）三月二六日にも置文を認める。現在は真壁家の宿老中に宛てたものと嫡子尚幹ほかに宛てたものの二通が伝えられる。このうち後者の置文には次のような文言がみられる。

とも《（朝幹）》、とかしそん《（子孫）》たるへく候ハヽ、ようかい《（要害）》をこしらへ《（拵）》、ようしん《（用心）》ちうや《（昼夜）》ともにゆた《（油断）》んあるへからす候、ようかい《（要害）》をこしらへ《（拵）》候ハん事、身のついせん《（追善）》と存へく候、

（『真壁町史料Ⅰ』三五）

朝幹は要害の必要性を強い調子で説いていることが窺える。「自身朝幹の子孫であるならば」と問いかけ、「自身朝幹への追善《ついぜん》供養《くよう》と思うように」と結ぶ。この文章を書いた朝幹には悲壮なまでの覚悟があったと読める。

その覚悟の一端は翌文正《ぶんしょう》二年（一四六七）三月一〇日に認めた置文の中に記されている。

世上物忩《ぶっそう》の間は、かくの要害あるへく候間、尾子崎屋敷を正宗寺《しょうしゅうじ》に為《な》して、出家《しゅっけ》を一人付け置くべく候、

（『真壁町史料Ⅰ』三八）

この文正二年（一四六七）の置文は長禄五（寛正二）年（一四六一）五月一五日付けの置文とほぼ同じ内容が確認されているのであるが、注目したい点は「現在は世上が物騒であり、このような要害が必要なので」と自身の認識を語っている点である。寛正七年（一四六六）三月二六日の宿老中に宛てた置文でも、文書の奥に追而書《おってが》きで「用心は無沙汰すべからず候」と記しており、同じ認識を書き記している。真壁朝幹には、世は戦乱の時代で

あるので恒常的な要害は必要なのだという認識があったことが示されている。

この認識を生んだ背景に朝幹の人生が深く関わっていたと予測することは十分に可能であろう。時代は一五世紀後半。上杉禅秀の乱・永享の乱・結城合戦そして享徳の乱の勃発《ぼっぱつ》。加えて本領の喪失から回復という真壁家にとっての困難。この時代を歩んだ真壁朝幹は要害の必要性を痛切に感じていたに違いない。

最後の置文を書いた文正二年（一四六七）三月一〇日、真壁朝幹・号永真は嫡子尚幹《ひさもと》に宛てて当知行《ちぎょう》地を譲与すると譲状を認めた。自らの役割を終えたという心境であったかもしれない。

上野国新田庄金山城の築城

次に話題とするのは、新田義貞《にったよしさだ》の故郷として知られる上野《こうずけ》国新田庄（群馬県太田市）の金山《かなやま》城である。この山城は新田庄東縁にある金山丘陵の南端に築かれている。戦国時代に世良田《せらだ》長楽寺《ちょうらくじ》の僧松陰《しょういん》が執筆した『松陰私語《しょういんしご》』という記録によると、文明《ぶんめい》元年（一四六九）に金山城は着工されたことになっている。
○文明元年己丑二月廿五日、金山城事始め、源慶院殿（岩松家純）の御代官として、愚僧钁《くわ》を立て始む、地鎮の次第、上古の城郭保護記これを証とし、地鎮の儀式　天神地祇《てんじんちぎ》に供え、

図5　太田金山城（足利よりの遠景）

太田金山城は群馬県太田市金山，東国の代表的な荘園である新田庄の中にある．赤岩（群馬県邑楽郡千代田町）で利根川を渡った鎌倉街道が，足利に向けて太田金山城のある金山丘陵の東側山麓を通る．また赤岩から伊勢崎に至る道筋は南側山麓を通り，新田庄を横断する．交通上の重要な地点が金山の地であった．標高234.9メートルの金山の山頂を主郭とし，周囲を取り巻く頂をも城域として大規模な縄張りをめぐらしている．山頂にも居住空間があった．削平地・堀切・縦堀・石積みなどの遺構を城域内の随所に見ることができる．文明元年（1469）に築かれ，以後新田領の領主である岩松氏・由良氏歴代の居城であった．後北条氏と上杉謙信による抗争の巷であった北関東にあって，由良氏は永禄9年（1566）以降天正11年に至るまで後北条方として活躍し，太田金山城は政治的に重要な位置を占めていた．

七十余日普請断絶なく走り巡る、九字弁四大王の守護所なりと取り堅む也、大槩《たいがい》の造功畢《おわんぬ》、同八月吉日良辰、屋形五十子より御越あって御祝言、

（『群馬県史　資料編5』中世1）

岩松家純《いわまついえずみ》の代官として松陰が鍬入《くわいれ》を行い、地鎮祭を経て築城した。岩松家純がどのような意志を持っていたか、詳細に知ることはできないが、「御代官」の語から彼の意志のもとに「事始」が計られたことを知ることができる。

この『松陰私語』の記事を子細に見ていくといくつか興味深い点がある。

①築城に際して、地鎮祭を行っていること。

②普請は七〇日であったこと。

③八月にはおおよそが完成していたこと。

④城主の岩松家純は当時、五十子《いかっこ》陣（埼玉県本庄市）に居住しており、八月の金山城完成の祝儀の後に金山城に入ったのは年始の時であったこと。

などが、まず指摘できる。

①の地鎮祭の記事であるが、中世城館の築城に関して地鎮祭が行われたことを示す文献資料は多くない。このほかには『甲陽《こうよう》日記』という記録に、戦国大名武田氏が行った「鍬《くわ》

立《だて》」の記載があることが知られている。築城に際して一定の宗教的な儀式が行われたのである。とかく山城といえば戦乱がつきものであり、宗教的な儀礼などは縁遠いもののように思われるが、山城も中世社会の産物として当時の儀礼と関連していたことが窺えて興味深い。

ところで金山城では近年の発掘調査によって、地鎮祭に使用された輪宝《りんぽう》の墨書のあるカワラケが出土した。この記事の示す地鎮祭による遺物であるかどうかは現在のところは不明であるが、文献および考古学的資料あわせて今後に興味を残している。

地鎮祭が行われたことが象徴的に示すように、この時をもって金山城の実質的な起源と考えることが可能である。これ以後、金山城は重要な拠点となるのである。

次に②③に注目してみたい。この記事よると金山城の普請に要した日数はおよそ七〇日であり、着工後およそ五ヵ月強の八月に全体が完成したと記している。中世の山城の築城日数に関する記録は管見の限り極めて少なく、実に貴重な数字である。横瀬氏を中心とした家臣が普請および作事のために労働力を調達し、組織していたことも記録より知ることができるが、果たしてどれほどの労働力が投入されていたかはわからない。したがって工事に要した日数の多少についても、残念ながら厳密には判断できない。

しかし、期間内の農作業との関係から、継続的に大規模な労働力を投入することは不可能であろう。限られた時間と調達される労働力から推測するに、現在残る城域の全範囲に築城工事がなされたのではなく、山頂を中心とした一部の空間に築城工事がなされたと考えた方がよい。当該期の政治的な状況も勘案するならば、町割をも含めた城下空間の形成および完成はとても考えられない。

最後に④であるが、この記事によるならば、岩松家純は政治情勢もあり、金山城内には居住せず、五十子陣に居住していた。

五十子の陣と金山城

享徳三年（一四五四）一二月二七日、鎌倉公方足利成氏は対立する関東管領上杉憲忠《のりただ》を殺害し、関東を戦国時代に引き入れた。当初、戦場は相模国《さがみ》や武蔵国《むさし》南部であったが、次第に主戦場が北関東に移る。成氏は下総国《しもうさ》古河《こが》に拠点を定める。対する山内上杉家は憲忠の弟房顕《ふさあき》を擁立し、体制を固める。享徳四年四月には上野国平井城（群馬県藤岡市）に入城したとされるが、その後長禄三年（一四五九）までには平野部の五十子（埼玉県本庄市東五十子）に成氏に対抗する陣を構えた。この五十子陣は後に長《なが》尾景春《おかげはる》の乱が勃発し、文明九年（一四七七）正月に景春によって攻め落とされるが、その時に至るまで北関東における上杉方の本拠地となった。岩松家純が居住していたのはこの五十子陣であった。

享徳の乱は足利成氏が拠点とする古河と幕府・上杉方が拠点とする五十子を両拠点として争われており、両地点を繋ぐ中間点の一つに新田庄、そして金山城が位置したのである。

岩松家純と岩松持国

文明元年に金山城を築いた岩松家純も苦難の人生を歩んでいた。家純の父は岩松満純《みつずみ》。満純の妻は関東管領であった上杉氏憲《うじのり》（禅秀）の娘である。

この血縁により満純は応永二三年（一四一六）の上杉禅秀の乱に際して義父に与同し、最後には捕縛され鎌倉龍ノ口《たつのくち》で斬首となる。

敗戦により岩松家では嫡系での継承が困難となり、満純の甥持国を当主に立てる。この持国は足利持氏に仕える。永享の乱では行動を見せないが、持氏の遺児を戴いて蜂起《ほうき》した結城合戦では結城城に籠もる。足利成氏の復権にも関与したらしく、享徳の乱当初において、岩松持国は成氏派の「三大将」と称され、最前線の東上野で奮戦した。

禅秀の乱の時、わずか九歳であった家純は、新田庄内の長楽寺に匿《かくま》われ、甲斐《かい》・美濃《みの》での隠遁《いんとん》を経た後、将軍足利義教に召し出され、長純と名乗り、京都に屋敷を拝領する。将軍義教は鎌倉公方持氏との対抗から家純を取り立てたのである。結城合戦に際しては攻城軍にも参加している。

その後、幕府寄りの鎌倉府を復活させるため、足利政知《まさとも》が伊豆《いず》国堀越《ほりごえ》に下向した際、家純は政知に同行し、再び関東で活動する。幕府は家純を通じて持国への懐柔工作を行い、翻意に成功する。しかし持国はその後に敵方足利成氏に通じたとされ、家純に誅殺《ちゅうさつ》されてしまう。これにより岩松家純は岩松家の当主に返り咲くことになる。金山城築城の直前である。

金山築城の背景

岩松家純の立場を踏まえた時、真壁朝幹の人生と共通点が見いだせる。北関東の政情が不安定である上に、新田庄は対立する古河公方足利成氏派と幕府・上杉派それぞれの拠点に挟まれた地にあたる。加えて、岩松家も先の真壁家と同じように分裂状態だった。所領を失い、地位の回復を目指して京都と関東の政治情勢の狭間で難しい選択をする。しかも敵は同族の岩松持国であった。要害を必要とした背景にはこのような経験が左右しているのではなかろうか。

岩松家純の脳裏にも真壁朝幹と同じような考えが去来していたことは間違いなかろう。それにしても岩松家純が金山城を築いたのは、家純六二歳の時のことであった。

越後国奥山庄の黒川氏実

話題はまた越後国奥山庄に戻る。中条房資が活躍した当時、奥山庄中条の北には同庄北条を領する黒川氏実《くろかわうじざね》がいた。

氏実が幼少の頃、父基実《もとざね》が国内の守護上杉頼方《よりかた》と守護代長尾邦景《くにかげ》の主導権争いに巻き込まれる。当初、黒川基実は守護方として活動していたが、後に守護代方に転じて黒川城に籠城《ろうじょう》する。しかし出羽《でわ》国から伊達《だて》持宗の援軍を得た守護方に攻められて開城するにいたる。応永三一年（一四二四）のことである。その後、北隣の荒川保に入部した伊達家臣に攻められて最終的に切腹の憂《う》き目にあう。

この時、幼い氏実は伯父であった中条房資が保護し、処分を迫る守護方の意見をよそに、出羽国大宝寺《たいほうじ》に落ちのびることができた。そして後に守護代方が勝利したことにより復権し本領を回復する。

文明一二年（一四八〇）、黒川氏実は入道して応田《おうでん》と名乗り、置文《おきぶみ》や譲状を作成し、幼少であった孫の宮福丸に当主の座を譲る。死期が間近であったと見られる。

黒川氏の申請状と要害

相続の年代から推測して、一五世紀第三四半期頃と思われるが、黒川氏実が越後守護上杉家に対して、いくつかの申請をしている。その内の一件に本拠地の要害のことに関する事案が含まれていた。この件を取り扱ったのは、雲照寺《うんしょうじ》妙瑚《みょうこ》という上杉家の奉行人《ぶぎょうにん》で、妙瑚は書状で回答している。

　したがって御要害の事、来春堅固にさせられ候はん事、尤《もっと》もに候、当年のごとく雑《ぞう》説《せつ》の時は、各々が御出府のためもの、御在所の御用心、是簡要に存ぜしめ候、かたがたもつて御等閑なく候条、いよいよ憑《たの》み存ぜしめ候由、屋形申され候、

（『新潟県史』一三六一）

書状の部分であるが、興味深い記事が含まれる。

①黒川氏実が要害を修築するにあたって、守護に許可を求めていること。

②守護上杉房定《ふさただ》はこの申請に許可を与えている。

③守護家では要害を堅固にすることは在所の用心と捉えている。

④さらに要害を堅固にすることは出府のためにも重要なことと捉えている。

要害を築くことの論点がこの短文に集約されているように思える。当時、要害を普請することは軍事的な行動とみなされる懸念があった。それゆえに事前に守護家に打診したのであろう。①②はそのことに関連する。

何よりも注目したいのは③である。守護家奉行人がこのように発言するということは、自らの領を安全に維持するためには要害が必要であったという共通認識ができあがってい

たことを示している。そして要害がなければ守護家に対する奉公もままならない状態であったことも④に窺える。この時代はもはや要害は自らの本拠に欠くべからざる施設となっていたのだった。

黒川城

黒川氏実が修築した黒川城は奥山庄北条の一角、標高三〇一メートルの山に黒川城がある。東から西へと延びる細尾根《ほそおね》に郭と堀切を普請したもので、居住に適した面積のある空間はない。日常は山麓に住み、戦乱の際に籠もったのであろう。城の北側には戸《と》ノ《の》裏《うら》川という川が流れる。「殿の裏」が転じたものであろうか。北側には黒川氏の居館があったと思われる。

応永三一年に守護代長尾邦景に与《くみ》して籠もった黒川城もおそらくはこの山城《やまじろ》であろう。氏実はこの黒川城を本格的な山城へと普請しようとしたのであろう。その背景には中条房資・真壁朝幹・岩松家純らと同じような考えがあったのではなかろうか。

先の中条房資による鶏冠城を再興したのは享徳二年（一四五三）だった。黒川氏実による申請年次は不明であるが、おそらく黒川城の修築も同じ頃であろう。氏実の決断は周辺の緊張が高まっていた動向も踏まえたのであろう。雲照寺妙瑚の書状に「当年のごとく雑説の時は」とあることはそのことを語っている。事実、文明年間以降、中条家と黒川家では所領紛争が起き、軍事的衝突も含め緊張関係が継続する。両家は黒川城と鶏冠城を築き、さらにそれぞれ出城を構えていた。胎内川を挟んで山城群が向かい合っていたのだった。

戦国城館の登場

中条房資の鶏冠城、真壁朝幹の要害、岩松家純の金山城、黒川氏実の黒川城等々の事例からある共通性が見られる。いずれも一五世紀の中頃から後半にかけての事例である。つまり戦国時代という戦乱の時代が到来したことにより、要害が必要とされたことを物語っている。一五世紀中頃より、領主は自己の所領を維持するために要害を恒常的に持つ必要性を認識し、本拠に要害を取り立てたのである。中条房資が「子孫において捨てるべからざるものなり」と書き記し、真壁朝幹が「身のついせん（追善）と存へく候」と申し置いた。この意識には強烈な思いを感じる。

そしてその多くは鶏冠城のように前時代までに使用したことのある城郭であっても、「再興」と称されるように新しく築かれたものだった。一見連綿と続く各地の城郭の歴史も、この一五世紀中頃という時期に、領主の意識に裏打ちされた大きな画期を持っているのである。今日われわれが持つ戦争と深く結びついた〝中世城館の現代的なイメージ〟はこの頃に起点がある。

臨時の城館

戦国時代以前の「城」

合戦《かっせん》の舞台としての城館が登場するのが一五世紀中頃とすれば、それ以前には現代のわれわれがイメージするような城館はなかったのだろうか。

例えば鎌倉時代末から南北朝時代、古文書や記録に無数の「城」の文字を認めることができる。しかし、その時代の城館がイメージ通りだとすれば、中条房資《なかじょうふさすけ》や真壁朝幹《まかべともとも》たちはなぜあのように書き残したのであろうか。同じ「城」という文字を使用していようとも、実態は異なるものと考えなければならないだろう。

少なくとも平地の居館は例外であるが、山城《やまじろ》の場合、鎌倉時代とか南北朝時代と伝えられていても、考古学的に確認された山城はその例を見ない。文献史学と考古学という方法論の溝がそのまま歴史像を生み出す障害となっている。その溝奥深くに眠る実態の追究が次の課題である。

陸奥国小高城と相馬氏

建武《けんむ》政権下、足利尊氏《あしかがたかうじ》が後醍醐《ごだいご》天皇の許可なく弟直義《ただよし》を救援するため東に向かったのは建武二年（一三三五）八月二日だった。得宗北条高時《とくそうほうじょうたかとき》の子北条時行《ときゆき》が占拠する鎌倉を回復する。一〇月一五日、足利尊氏は鎌倉将軍邸跡に新邸を建てて移る。事態はそのまま足利幕府の設立に向かっていく。討伐軍の新田義貞《にったよしさだ》勢を箱根《はこね》など各所で撃破し、尊氏は西上を決意し、翌年正月一一日に入京する。ところが二七日京都において敗退し、丹波《たんば》を経て兵庫に至り、二月一二日には再起を期して九州へと落ちていく。

足利方の状況が悪化するこの時期に、鎌倉を守っていた相馬重胤《そうましげたね》は陸奥《むつ》国行方《なめがた》郡小高《おだか》に「楯」を築くようにと次男相馬光胤《みつたね》に命令を発する。

　　国において楯を築くべき事書目六

　定

一、奥州行方郡小高堀内に、城郭を構え城、ならびに□凶徒等をこれを対治せしむべきなり、

（中略）

右、目録の状、件《くだん》のごとし、

建武三年二月十八日　平重胤□

相馬弥次郎(光胤)殿

（史料纂集『相馬文書』相馬二七）

この「目六」には「楯築」のほか、近隣諸氏を味方に付けること、在所と京・鎌倉が一体となって行動して、遠所であっても独自の行動をとらないこと、軍忠を行った一族・他人を注進すべきことなど、直接には築城に関連しない事柄をも含んでいる。

しかしながらこれらの項目が「国において、楯を築くべき事書の目六」として一括されていることは、重胤が当時の困難な状況を乗り切る施策として数ヵ条を示しつつも、その中心が「楯を築くこと」にあると考えていたことを物語っている。さらに他の史料には、「国のために楯を築く」（史料纂集『相馬文書』相馬二一）とか「国中静謐《せいひつ》のため」（史料纂集『相馬文書』相馬三二）などとあり、小高築城がいかなる名目を持って周囲に知らしめられていたかが語られている。城郭を構えることに「国のために」という意義を認めていたことが窺えて興味深い。

尊氏の九州敗走は、関東に残された足利方に危機感を募《つの》らせ、相馬氏に限らず各氏が各々の所領に城館を築いたことが予想される。この相馬氏の場合は、鎌倉に上《のぼ》った一族を分かち、一方は次男光胤を惣領代《そうりょうだい》として小高に向かわせ、光胤への助力を庶子《しょし》に命じて楯を築き、所領の維持並びに一族ほか近隣御家人《ごけにん》の統率を計ったのである。

相馬重胤の危機感

築城を命じた重胤本人にも危機感があったのも確かである。「目六」に先立って、建武二年一一月二〇日および建武三年二月五日の二度にわたり譲状《ゆずりじょう》作成を行っている。前者の時期は中先代《なかせんだい》の乱により鎌倉に入った足利尊氏が後醍醐天皇に対し反旗を翻《ひるがえ》した時期であり、譲状作成直後には後醍醐天皇より尊氏・直義追討の綸旨《りんじ》が発せられるという混乱した時である。重胤はこうした世上を意識し、譲状をさらには「目六」を作成したことが想像できる。実際に、重胤は「目六」を作成した約二ヵ月後、京都より奥州《おうしゅう》へ下向途中の北畠顕家《きたばたけあきいえ》の軍勢が鎌倉に押し寄せたために、鎌倉の法華《ほっけ》堂下で自害に追い込まれている。

重胤の築城命令後、わずか一ヵ月余にして、南朝方は小高城に攻め寄せている。きわめて短い期間で小高城は城郭となっているのである。

屋敷から城郭へ

「相馬孫五郎重胤の屋形を城郭《じょうかく》に構え」（史料纂集『相馬文書』相馬岡田三二・三三）と、屋形を「城郭」に構えたことがわかる。短い時間で通常の屋形に手を入れたものであった。

さて、この「相馬孫五郎重胤屋形」であるが、言うまでもなく通常の屋敷であろう。相馬重胤と小高との関連であるが、元亨《げんこう》二年（一三二二）七月四日付、関東御教書《みぎょうしょ》とこれに先行する長崎思元代良信申状（史料纂集『相馬文書』相馬一四・一五）では重胤が「小高孫五郎」と呼称されている。しかし前年の元亨元年（一三二一）一二月一七日付相馬重胤申状（史料纂集『相馬文書』相馬一二）には「重胤は下総《しもうさ》国相馬郡をもって居住」とあり、この両者間に名字を小高とする何らかの変化が生じたのであろう。

しかし、鎌倉末期には固定的な居住地を有していたのではなく、全国の所領各地に屋敷を持っていたはずである。この屋敷は在地の政所《まんどころ》であったと考えたほうがよいであろう。領主は必要に応じて、これら多くの屋敷に下向《げこう》し、鎌倉と個々の所領の屋敷地を往復していたのである。すなわち固定した一ヵ所のみ、「一所懸命」を連想させるような本拠地ではなかった。そのなかで相馬氏の場合、下総国相馬郡＝本領に対して、一族としての本領であるという意識を持ち、屋敷を有しつつも、行く行くは本拠となる地＝小高に、他者から見れば名字《みょうじ》にしてしまうほどに比重が増していったのである。この小高築城は「政所」が「城郭」に、臨時に、改修されたものなのである。このことが先ず確認される。

短時間で臨時に構えられていたとすれば、「楯築」の内容に土塁《どるい》・堀などの普請《ふしん》が含まれていたかが疑問となろう。建武四年（一三三七）四月九日、小高城に籠もっていた相馬朝胤《ともたね》は軍忠状のなかで、「爰《ここ》に数輩の凶徒等、東壁を切り入るの間、朝胤身命を捨て、□敵を塞ぎ戦いおわんぬ」と述べており（史料纂集『相馬文書』大悲山七）、攻防のポイントが壁であったことを記している。この史料からは土塁および堀がともなっていたかどうか定かではないが、壁が焦点になっていることは注目してよいであろう。すなわち、この一ヵ月での築城の重要作業は壁などの作事であった可能性を示唆している。

臨時築城の実態

ほぼ同じ時期、宇津峯《うづみね》城（福島県郡山市）においても「壁際において合戦」と見えており、壁際での攻防が行われていること（史料纂集『飯野文書』一六五）が確認できる。攻める側、守る側双方に壁が認識されている。この時期の城郭とは壁に特長があったのではなかろうか。このことにより「館」と「城郭」に差異が生まれ得たことを思わせる。

下野国小山城と小山大後家

相馬重胤が自刃《じじん》したまもなくの頃である。この当時の小山家は、先代の小山秀朝《おやまひでとも》が中先代の乱に際して、先々代の貞朝《さだとも》没後わずか五年にして自害する。そのあとを小山常犬が当主となったが、足利尊氏に従って転戦し、在所の小山は留守の状態である。留守であるにもかかわらず、建武三年の小山城は単に小山氏の私的な城館であることを上回り、下野守護《しもつけしゅご》小山氏によって動員された下野御家人が籠もった北関東における足利方の拠点となっている。その小山城で奮闘したのは小山貞朝後家であった。その功績を讃えて一通の感状《かんじょう》（戦功を賞して与える文書）が出される。

常陸国中郡庄の事、度々《たびたび》の軍忠は他に異なる上、城郭を構え、忠節を致すの間、将軍家より仰《おお》せ下さるるの程、預け置かれるところ也、よって所務致さるべくの状、仰せにより執進件のごとし、

建武三年十月廿八日　　源（斯波家長）（花押）

小山大後家殿

（『栃木県二』松平基則氏所蔵六）

しかし小山城を築いた背景にはかなり危機的な状況が窺える。

当時の情勢では、尊氏が畿内で破れ、九州へ下向するという状況で、野本鶴寿丸《かくじゅまる》が、「一、小山城合戦の事、将軍が鎮西《ちんぜい》へ御下向の後は、前国司方の軍勢《ぐんぜい》等が蜂起《ほうき》せしめ、人民は安き思いなし、しかれども当城は一の陣たるの間、御方に御志を存ずる一族等、彼の城に馳せ籠もる」（『栃木県四』熊谷家一）と述べているように、北畠顕家軍の蜂起を受けて、関東に残された足利方には、危機感が高まっていた。小山貞朝後家に文書が発給され

ている背景にはこのような状況がある。

小山城を構える

この際の小山城とは、『小山市史』によれば「『小山祇園城《ぎおんじょう》』ではなく、南北朝時代の小山氏の本拠の鷲城《わしじょう》と、その東にある小山氏館（神鳥谷《ひととのや》の曲輪《くるわ》）であると思う」としている（『小山市史　通史編』〈小山市刊一九八四〉五五〇頁）。小山祇園城でないことは明らかであるが、鷲城および神鳥谷の曲輪であるとすることも確定の限りではない。

しかしながら、この時の小山城が平地居館であることは動かない。建武三年八月二四日夜、茂木知貞《もてぎともさだ》の代官祐恵は「小栗城郭」より「小山之館」に移って、警固《けいご》しており（『栃木県二』茂木一三）、茂木知貞自身も一二月一〇日には「小山之館」に籠もり、北畠軍に備えている（『栃木県二』茂木文書一四）。この二事例に挟まれて、先の斯波家長《しばいえなが》奉書は出されているのである。すなわち、構《かま》えられた「城郭」とは「小山之館」を要害化したものとなる。

またただ単に「小山之館」を「城郭」と呼びかえたのではないことも指摘できる。この小山城での合戦は翌建武四年まで続くが、建武四年に発給《はっきゅう》された管見《かんけん》の文書は、合戦の行われた場所を「小山之館」と呼ばず、「小山城」（史料纂集『飯野文書』一四五・『栃木県二』茂木一六・『新潟県』六〇六ほか）としている。前年と言葉が区別される何らかの変化が、「城郭を構える」という行為のなかにあり、「館」から「城」へと呼称が変化したに相違ない。その変化とは、構造的なもの、もしくは単位としての空間が拡大したものということになるのであろう。

南北朝期の「城郭」

注意しておかねばならない事実がある。それは先の感状で斯波家長は「度々の軍忠は他に異なる上、城郭を構《かま》え、忠節を致すの間」と記している点である。数々の軍忠のなかでも「城郭を構え」たことを特記しているのである。通常の軍忠とは某所の合戦で敵を討ち取ったとか、傷を負ったということが記載される。しかしこの感状では「城郭を構え」た功績が記載されているのである。軍忠の類型の一つに「城郭を構え」ることがあったことになる。

とするならば、さらに解釈を一歩進めて、通常は軍事的な「城郭」はなかったということになる。事実、小山の事例は「小山之館」を要塞《ようさい》化したものだったことを見た。先の小高城の事例も「屋形」を「楯」としたものだった。相馬の事例と同じく戦乱に応じて臨時に構えられたものだったのである。

先に紹介した越後《えちご》国奥山《おくやまの》庄《しょう》の鶏冠《とさか》城も同じだった。中条房資の記録には「彼《か》の要害は城《じよう》太郎資持の後、曾祖父茂資《もちすけ》が閉籠《へいろう》をなす、其中間は一百二年、今度、房資が再興する」とあった。享徳《きようとく》二年（一四五三）の中条秀叟《しゆうそう》再興にいたるまで、城資盛以降、三度の使用が認められる。一見してこの鶏冠城は鎌倉時代初頭より存在していたように思える。しかしながら房資は南北朝時代に茂資が籠城《ろうじよう》してより後、「其中間一百二年」の期間を経て「再興」したと述べているのであり、鶏冠城は「廃城」の状態にあったことになる。またさらに遡《さかのぼ》り鎌倉時代初頭に城資盛が活用した後、茂資が使用したという記載も、鎌倉時代初頭から南北朝期に至るまでは「廃城」の状態であったことを示している。

すなわち戦争が起こり、必要になったから臨時に「城郭」を築くのであり、日常的には「城郭」は存在していなかったことになる。そして、戦乱が去れば、不要のものとして破棄されたのだった。一五世紀中頃以降の変化と大きく異なるのはこの点である。現存する城が中世初頭より連綿と存在したと説くことは実に疑わしい伝承と言うことになる。

「城郭を構える」

鎌倉時代後半、列島の各地で悪党《あくとう》が蜂起した。その悪党の活躍の舞台の一つが「城郭」であった。悪党は「城郭を構え」て立て籠もり、苅《かり》田《た》や道の切り塞ぎを行い、年貢《ねんぐ》・課役《かやく》の調進を妨げ、さらには放矢《はなちや》などの戦闘行為に及んだ。このような状況に対して、「城郭の破却《はきやく》」が求められ、命令が発せられた。「城郭」が存在していては、地域の「静謐《せいひつ》」はなかったのだった。

新井孝重は悪党が「城郭を構え」たことについて、「城郭の構築が敵対的な政治関係の軍事的継続状態を端的に表現するものである」と評価した（新井一九九〇）。また同様に村田修三は「『城郭を構える』という言葉は、悪党の新儀・非法を並べ立てる一つの箇条として挙げられるわけでありまして、本来、城郭というものは勝手に築いてはいけないというこことで、そういう観念のあらわれだろうと思います。（中略）内乱時には城郭を構える。これは本来、国家権力にとって、公儀、公の立場からいうとありえないことだろう」と語っている（村田一九九五）。

この二者に先立ち、中世前期の「城郭」について概念化を企図した市村高男は、「城郭」「要害」の差異に注意を払いつつ、両者は「ともに合戦・紛争などの異常事態に立て籠もるために創出された特異な空間＝『場』であり、その点で日常の生活の場である『館』とは大きく性格を異にする」「非日常的な軍事構築物」と述べている。

つまり、中世前期にあって、「城郭」は「非日常的な軍事構築物」であり、本来存在してはならないとする観念があったことになる。

この点を鋭く語ったのは中澤克昭であった。「城郭を構える」とは「戦う意志を明らかにすることにほかなら」ず、「武力が発動されていることを象徴するもの」であり、「『焼払』あるいは『破却』しなければ、平和は回復されな」いとし、「安穏《あんのん》・静謐であるべき王土の公的な秩序のなかでは、国家として『城』を構えることはなかった」と議論を進めている（中澤一九九九）。

国家としての『城』を語ることはここでは避けたいが、中世前期の社会では戦争を目的とした「城郭」の存在は忌避されるものであり、本来は存在してはならないものと認識されていた。このことは文献資料に登場する「城郭を構える」という記載から確実に読み込むことができ、先学の指摘は間違いなく真実の一面を語っている。

悪党の語とセットとなって登場する「城郭を構える」は常に敵対的な表現として記される。しかし先に触れた小山大後家が構えた小山城の事例を踏まえるならば、必ずしも「城郭を構える」とは反体制的な行為とは言い得ない。日常的に存在するならば、勲功の対象と評価されるはずはなく、やはり日常的には存在してはならない存在として意識されていたからこそ、勲功の対象となったと考えるべきであろう。敵対的であるかは主たる問題ではなく、本来は存在してはならないものと認識されていたことは間違いないだろう。

中世前期の「城郭」は中澤の主張するように「安穏・静謐であるべき王土の公的な秩序

のなかでは」、「非日常的な軍事構築物」の「城郭」は基本的には存在することが許されなかった。つまり、現代的なイメージに繋がる「城郭」は、中世前期社会のなかでは日常的に存在するものではなく、非日常的な場に限定されて登場するものだった。このことは黒田俊雄が「安穏を守るための武勇であり、このように制御・統制された武勇」と論じたことに繋がる。

しかし、九条兼実《くじょうかねざね》が『玉葉《ぎょくよう》』の中で「洛城」「平安城」などと京都を「城」と語ったことを踏まえるとどうなるであろうか。事態は混迷するが、先の定義は少なくとも京都については当てはまらない。おそらく「鎌倉城」についても同じ認識を考えねばならない。日常的にも存在する「城」があったとしたとき、それらは存在することを「許容」されていたことになる。議論はやや哲学的になってしまうが、おそらく日常的に存在することを「許容」された「城」が基本的にあった。それ以外の「非日常的な軍事構築物」は存在することを認められなかった。認められない「城」はしばしば暴力的な装いをもって、忌避《きひ》される存在として登場し、「城郭」と呼ばれた。そこには戦国時代の軍事的な「城館」に連なる系譜がある。

「非日常的な軍事構築物」としての「城郭」は一五世紀でも変わっていない。先にも触れた真壁の事例である。

応永年間の真壁城

応永《おうえい》二四年（一四一七）に終結した上杉禅秀《うえすぎぜんしゅう》の乱の余波が北関東ではしばらく続いた。鎌倉公方足利持氏《かまくらくぼうあしかがもちうじ》と室町幕府の支持を受けた山入与義《やまいりともよし》・小栗満重《おぐりみつしげ》は著しい緊張状態にあり、真壁秀幹《ひでもと》は反持氏派として両者とともに行動していた。その一連の経過の中で真壁攻めが応永三〇年（一四二三）に行われたのである。この当時のことは後年に真壁朝幹が記した史料の中に次のように記載される。

去応永卅年、勝定院殿（足利義持）の御成敗《ごせいばい》をもって、小栗常陸介に御合力《ごうりき》につき、御教書を成し下されるの間、伯父真壁安芸守（秀幹）と相共に、一城を構え、戦功を抽ずるの刻、持氏様御発向の時、小栗城没落の後、力を失い、程なく退散せしめおわんぬ、

（『真壁町史料Ⅰ』一一七）

「一城を構え」の表現はまさに先の「城郭を構える」に通じる。真壁秀幹は臨時に城郭を構えて鎌倉公方足利持氏の軍勢と戦ったのである。この事実は応永三〇年九月一三日付けで発給された足利持氏感状にも「常州真壁城責《しろぜめ》の時、忠節を致すの条、尤《もっと》ももって神妙」（『神奈川県史』五六八六）と確認できる。

さらに真壁城の落城はいくつかの史料（『神奈川県史』五六八五・『茨城県史料Ⅰ』鳥名木一〇）からやや詳しく復元することができる。真壁城攻めは足利持氏の命により、応永三〇年八月二日に行われた。先にも確認したように「程なく退散せしめおわんぬ」とあることから、即日の落城であったと推測される。この八月二日には小栗満重の拠点である小栗城攻めも行われており、同日を期しての一斉攻撃であった。

真壁城の攻撃には土岐《とき》憲秀《のりひで》を中心とした鹿島《かしま》郡・行方《なめがた》郡そして東条庄《とうじょうのしょう》の軍勢が当たった。その軍勢の中に鳥名木国義《となきくによし》がいた。鳥名木国義は行方郡荒原郷《あらはらのごう》内鳥名木村の領主である。鳥名木国義は「南面壁を打ち破り、最前に切り入り、散々に合戦を致し」と軍功を主張している。真壁城の落城は真壁朝幹が語る「小栗城没落の後、力を失い、程なく退散せしめおわんぬ」というような、小栗城没落に連鎖するような状況ではなく、激しい戦闘をともなった上での落城であった。

攻め手の鳥名木国義は自身の奮闘により「真壁城」を「責め落と」し、それ故に疵《きず》も負ったと主張する。そしてその功故に、「同夜に堀内《ほりのうち》城は没落せしむ」と述べている。

ここで注目すべきは「責め落と」すと「同夜に堀内城は没落せしむ」の因果関係と時間の経過である。鳥名木国義は何らかの場所を攻め落としており、それが原因で「堀内城」

がその日の夜に没落したと主張している。問題は「堀内城」の実態である。鳥名木国義が攻めた場所はその施設の「南面壁」であったことも明らかである。「鹿島・行方・東条同心」勢は真壁城に向かったのであり、「南面壁」とは真壁城の「南面壁」である。そして戦闘での結末が「堀内城は没落せしむ」であったから、「堀内城」没落とは真壁城落城を指すことは間違いない。このあとには足利持氏は結城に帰っており、真壁朝幹も「程なく退散せしめおわんぬ」と述べ、即日の落城を推定せしめていることから、真壁城が存続し、抵抗を続けていたことはなかった。

従って、「堀内城」とは城館の個別名称ではなく、真壁城の構造を示す言葉と考えられる。すなわち堀ノ内という広がりをもった空間が、同時に「城」と把握されていたのである。とするならば、鳥名木国義が攻め落とした場所は、真壁城を構成するある重要な部分であったことになる。しかし逆にその場所を攻め落としただけでは真壁落城とはならない場所であったことにもなる。真壁城とはある程度の広がりを持った空間なのであろう。

応永三〇年（一四二三）八月に足利持氏勢によって攻め落とされた真壁秀幹当時の真壁城は、戦闘の際に攻撃の対象となる場所と堀ノ内からなっており、「責落」から「没落」まで時間の経過を必要とする。このことから、軍事的には重層化し、かつ多元化した構造であったことが推測された。また「一城を構える」とあることから、当時の堀ノ内という日常の空間は、臨時に城塞化されうるものであったことになる。

このように真壁城を見てくると、一五世紀前半にあっても軍事的な城館は臨時に築城されているのであり、一四世紀以前に確認してきたような戦乱にともなう「城郭」となんら異なることはない。変化は先に確認したように一五世紀中頃ということになる。

戦国時代以前の築城

一五世紀中頃以前においては、「城郭」は戦乱に際して臨時に築かれるものであり、恒常的に維持されるものではなかった。許容された「城」以外の戦争を目的とした「城郭」の存在は忌避されるものであり、本来は存在してはならないと観念されていたのだった。

嘉暦《かりやく》二年（一三二七）正月頃の和泉《いずみ》国大鳥庄《おおとりのしょう》では地頭《じとう》田代基綱《たしろもとつな》が「城郭」に苦しめられていた。庄内住人の等覚《とうかく》が「城郭を構え」て殺害行為に及んでいた。この「城郭」とは等覚の住宅に構えられたものだった。そして等覚に与同《よどう》する同じく大鳥庄住人の彦三郎基《もと》宗《むね》も自身の住宅を「城郭」にして、等覚の「本城郭」に呼応していた（『鎌倉遺文』〇二九七二三）。

また、悪党が活躍した伊賀《いが》国黒田庄でも「城郭」を構えていた。悪党に苦しめられた東《とう》大寺《だいじ》は「城郭」の破却に苦心していた。嘉暦二年二月の申状で次のように述べている。

使節入部《にゅうぶ》の時は、毎度これを取り撤し、帰参《きさん》の後は元のごとくこれを構える、いよいよ悪行致すの間、城郭を破却せられずば、静謐の期これあるべからず、

（『鎌倉遺文』〇二九七五五）

この申請から察するに城郭の要素は実に簡便に築かれ、かつ撤去できるものだった。日常的には「城郭」ではない住宅が、敵対行為を構えるに際しては軍事構築物に変化する。この「城郭」の実態は視覚的には明らかではないが、簡便に築きかつ取り払われるという実態から考えると、さほど強固な普請を施した構築物とは考えられない。おそらく壁や柵などの作事《さくじ》によって構えられるものと推測される。

この点に関して川合康は興味深い指摘を行う。「堀・掻楯《かいだて》・逆茂木《さかもぎ》は、いずれも敵の進路を遮断するために戦場に臨時に構築された、簡単な交通遮断施設（バリケード）であるが、このバリケードは『城郭』の付属施設ではなく、これ自体が『城郭』とよばれていたことに注意しなければならない」と喚起し、「私は中世前期における方形館の有無にかかわらず、中世城郭の起点は本書であつかっているような交通遮断施設のほうにあったと考えている」（川合一九九六）と述べる。住宅の周囲に敷設されたバリケードというイメージ

が浮かび上がってくる。川合はこれこそが戦国時代に連なる「城郭」であると指摘する。聞くべき見解であろう。

逆説的にみれば、日常的には武士が暮らす屋敷は軍事性が低かったことを語っているのではなかろうか。簡便なものであれ、住宅に付加しなければ「城郭」にはなりえない。そして日常的に「城郭」が存在することは忌避される。とするならば、日常的な武士の屋敷は軍事的要素を除去した姿が実態だったことになるのではなかろうか。

屋敷の非軍事性

鎌倉時代末期、相模国《さがみ》渋谷《しぶや》上庄寺尾を名字《みようじ》の地とする寺尾《てらお》氏で相論《そうろん》があった。寺尾惟重《これしげ》の遺領をめぐってその息子重広《しげひろ》・重名《しげな》兄弟が争った。

渋谷氏の屋敷

結果は元徳《げんとく》元年（一三二九）一〇月二〇日に重広勝訴の関東下知状《げちじよう》が出されているのであるが、注目したいのはその過程で作成された所領注進状《ちゆうしんじよう》（『神奈川県史』二六八四・二七二五）である。

まず嘉暦《かりやく》三年（一三二八）一二月二一日に重広が作成し、それを受けて翌年五月に重名が反論を兼ねて作成する。注目は冒頭の所領となる「相模国渋谷上庄寺尾村内」の箇条である。名字の地であり、冒頭に掲げるにふさわしい。重広は在家が二宇《う》あり、そのうちの一宇は地頭《じとう》屋敷であると記載する。これに対して重名は「重広注文によれば、二宇のうち一宇は地頭屋敷ということであるが、そのような形跡はなく、二宇ともに往代からの百姓屋敷である」と説明する。

寺尾重広が勝訴したことや、注進状の立項において最初に掲げられかつ名字の地に含まれる屋敷であるので、重広の主張する「地頭屋敷」は実のあるものなのであろう。しかし重名は堂々と地頭屋敷を否定し、百姓屋敷と主張する。その背景には当時の地頭屋敷と百姓屋敷はさほど相違するものではないという実態がなければならない。この実態は武家の屋敷が軍事性を帯びた姿ではないとする予想を裏付けることになろう。

描かれた武士の館

描かれた武士の館として著名な場面として、『一遍上人絵伝《いっぺんしょうにんえでん》』の筑《ちく》前《ぜん》国の武士の館がある。周囲に堀をめぐらし、板塀《いたべい》で囲い、門には櫓《やぐら》が設けられている場面である。従前はこの防備を捉えて、城の発展の一段階と捉えていた。確かに堀や櫓の存在を強調すれば、城館発展論での説明が可能なのかもしれない。

他方、同じ『一遍上人絵伝』の大井太郎の館や『法然《ほうねん》上人絵伝』の漆間時国《うるまときくに》の館はどうであろうか。両者ともに典型的な武士の館として紹介されてきた。両者ともの大きな屋敷ではあるが、軍事性はさほど窺えない。漆間時国の館には筑前国武士の館のような櫓はな

図6　「一遍上人絵伝」巻4　清浄光寺所蔵

時宗の開祖一遍の伝記絵巻．場面は筑前国の武士の館で，異時同時法で一遍が描かれる．奥には礎石建ちの主殿が，飲食の状況で描かれる．主殿のほかに，厩・櫓をともなう門・塀・溝（堀）などが描写される．門の外には警固の武士も見える．鎌倉時代の武家の館を示す絵画として古くから注目されている絵画資料である．

い。まして大井太郎の館には堀も板塀もない。庭先には屋敷境にあたる小川が描かれるのみである。日常の館は軍事性を帯びていなかったとした考えに基づいた時、この両者の館は合致する描写となるのではなかろうか。

近年、建築学の成果をもとにこれらの絵画を分析した玉井哲雄および小野正敏はこれらの建物は寝殿造《しんでんづくり》の影響を受ける建物と評価した（玉井一九六六、小野二〇〇四）。貴族の邸宅の系譜を引く建物が描かれているというのである。しかも小野は描かれた館を絵師が居住する地域の共通認識＝モデルと捉え、中門廊《ちゅうもんろう》（建物に付随する入口施設）が一定階層の屋敷表現の象徴であると説いている。一三〜一四世紀の社会諸階層に共通する身分標識として描かれた館を読み解こうとしているのである。そこには武家特有の軍事的な性格を重視する視角はない。

このように考えると、筑前国の武士の館について軍事的な視点のみで堀や櫓の存在を強調することに躊躇《ちゅうちょ》を覚える。そもそも描かれた程度の防備で籠城《ろうじょう》は可能であろうか。すでに述べてきたように戦時にはさらなる備えを急遽に施していた。警備が厳重なことと軍事的な防備が施されていることは次元が異なる。現代においても、警備が厳重な家や建物をまれに目にすることがある。それをもってわれわれは決して軍事的構築物とは呼ばない。

現代的な中世城館のイメージにつながる存在として武家の館を見つめることに問題なしとはできない。すなわち、武士の館の発展が戦国期城館に直接的に結びつくという考えは、短絡的であるといわなければならないだろう。

本領内の屋敷

そもそも、鎌倉時代から南北朝時代の武士たちは、自らの本領に構えた本拠のことをどのように認識していただろうか。現代、われわれは学術用語として「居館」「館」の語を用いる。これらは研究史から考えると「方形居館《ほうけい》」のイメージを背後に抱えている。従前に述べてきたとおり、当時の武家の本拠は軍事的色彩が薄いのであり、はたしてこの用語をそのまま使用することは大丈夫であろうかという懸念がある。

鎌倉御家人《ごけにん》の譲状《ゆずりじょう》を見てみたい。名字の地の住居はまさに資産であり、一族の象徴である。したがって武士の住居は相続の対象になったはずであり、そのなかに当時の認識が示されると考える。

まず注目したいのは次の史料である。

信濃《しなの》国中野郷内能成屋敷・名田事、

右、名田拾町并当初居住の屋敷、安堵《あんど》せしむるところなり、所従等のことは、田に付

け元のごとく召し仕えせしむべし、四郎の妨《さまた》げを停止《ちょうじ》せしむべくの状、仰《おお》せにより下知くだんのごとし、

建仁四年（一二〇四）二月二十一日

遠江守（花押）

（『新編信濃史料叢書』第三巻　市河文書　一本間美術館所蔵文書）

鎌倉時代の初め、北条時政《ほうじょうときまさ》が信濃国中野郷地頭であった中野能成《なかのよしなり》に与えた安堵状になる。中野能成は四郎に横領などの妨げを受けたらしく、その排除を提訴して、この安堵状を得た。安堵状の中に「能成屋敷」「当初居住の屋敷」の文言が含まれており、明らかに中野能成が居住する屋敷が含まれている。

この中野能成は建長《けんちょう》元年（一二四九）に譲状を認める。能成屋敷を含む中野郷については庶子《しょし》四郎正康《まさやす》に譲られた。三年後の建長四年（一二五二）一二月二八日には譲状に基づく譲与を認めて、将軍家政所《まんどころ》下文《くだしぶみ》が発せられた。その下文には「信濃国中野郷内屋敷壱所・田捌」と記載される。

本領内の住居が「屋敷」という語を使用して表現され、譲与の過程で文書の明記される事例である。「居館」「館」という語を使用していないことに注意を払いたい。この点は近

年、いく人かの研究者によって指摘されつつある。

屋敷の相伝

同様の事例は中野氏の事例にとどまらない。次に掲げるのは三浦和田《みうらわだ》氏の相模国津村《つむら》である。三浦和田氏はすでに触れてきた越後《えちご》国奥山庄《おくやまのしょう》の中条《なかじょう》氏・黒川《くろかわ》氏の先祖にあたり、本領は相模国南深沢郷津村であった。この津村についての記載は次のようである。

（年次）		（史料名）	（記載）
（一二四一）	仁治二年四月一七日	津村尼譲状	つむらのやしき
（一二四一）	仁治二年五月一日	将軍家政所下文	南深沢屋敷
（一二六四）	弘長四年三月一一日	道円高井時茂譲状	つむらのやしき
（一二九六）	永仁四年一一月二四日	関東下知状案	相模国津村屋敷
（一三一七）	正和六年正月二〇日	和田茂明譲状	相模国津村の屋敷
（一三三七）	建武四年六月一〇日	和田茂継譲状	つむらのやしき
（一三五六）	延文元年八月二五日	和田茂資譲状	つふらやしき

このほかに「津村田在家」と記載される譲状等もあるが、明らかに津村内の住居を示す史料は以上である。すなわち、三浦和田氏でも自らの本領の住居を屋敷と表現しているの

である。

相模国早河庄《はやかわのしょう》の山内首藤《やまのうちすどう》家では一得名内の田子《たこ》屋敷である。田子は現在の神奈川県小田原市多古《たこ》付近に比定《ひてい》される。

田子屋敷の空間は寛喜《かんぎ》二年（一二三〇）と建長元年（一二四九）の譲状には屋敷の四至《しいし》が記載されている。それによれば、屋敷の北には丸子《まるこ》川すなわち酒匂《さかわ》川が流れる。西には若宮《わかみや》神社があり、参道がおそらく南北に連なっていた。東には山内首藤家に関連する蔵が建てられていた。また東西には笹堀という堀がある。「北南に通る井」とあることから、南北方向に流れる用水路が東西の境を画していたことになる。地理的な状況から考えて、丸子川から取水した灌漑《かんがい》用水路であろう。また南は「大道」が境となっている。大道とはその地域の幹線道路を指し示すことから、酒匂川河口の東岸に存在した酒匂宿から渡河した道と考えられる。西側は箱根《はこね》あるいは足柄《あしがら》に繋がると推定される。

この田子屋敷に関する記載は以下のようになる。

（年次）	（史料名）	（記載）
寛喜二年閏正月一四日（一二三〇）	藤原山内首藤重俊譲状	田子往古本屋敷
建長元年八月二一日（一二四九）	山内首藤宗俊譲状	本屋敷壱所事、

文永四年（一二六七）一〇月二七日　関東下知状　多古一得名内屋敷
文永七年（一二七〇）六月一三日　関東安堵下知状　一得名内屋敷
永仁三年（一二九五）三月二九日　山内首藤時通譲状　屋敷
元亨四年（一三二四）三月二九日　いくわん譲状　やしき壱所
元徳二年（一三三〇）三月一八日　山内通資譲状　屋敷
貞和元年（一三四五）六月一八日　山内首藤時通譲状　やしき壱所
貞和参年（一三四七）一二月三日　山内通時譲状　屋敷
貞治四年（一三六五）六月一日　山内通継譲状　屋敷

ここでも山内首藤家の中核所領の住居が「屋敷」と記載されている。

またすでに少し触れたが、相模国渋谷上庄の渋谷家についても同様である。

（年次）　（史料名）　（記載）
寛元四年（一二四六）三月二九日　渋谷定心譲状　屋敷
建治三年（一二七七）九月一三日　渋谷重経譲状　てらをのほりのうち
弘安元年（一二七八）六月三日　将軍家政所下文案　四宮郷内屋敷
弘安二年（一二七九）　渋谷為重陳状　渋谷屋敷

弘安二年（一二七九）	渋谷重経後家妙蓮等重訴状案	渋谷屋敷
弘安二年（一二七九）一二月二三日	関東裁許下知状案	渋谷屋敷
正安元年（一二九九）八月一七日	渋谷重世譲状	しふやのやしき
嘉暦三年（一三二八）一二月一一日	渋谷重広所領注進状案	地頭屋敷
嘉暦四年（一三二九）五月　日	渋谷重名所領注進状案	（地頭屋敷）
嘉暦四年（一三二九）五月　日	渋谷重名所領注進状案	（地頭屋敷）
貞和二年（一三四六）一一月二六日	渋谷重基定円置文	藤心屋敷
貞和五年（一三四九）閏六月廿三日	渋谷重勝譲状	屋敷
貞和五年（一三四九）閏六月二三日	渋谷重勝譲状案	ふちこゝろの屋敷
貞治七年（一三六八）八月六日	渋谷重成譲状案	屋敷
建徳二年（一三七一）一〇月一五日	渋谷重門譲状	ふちこゝろの屋敷
応永一三年（一四〇六）一一月一五日	渋谷重頼譲状	ふちこゝろの屋敷
応永三〇年（一四二三）八月一六日	渋谷重長譲状	ふちこゝろの屋敷
嘉吉元年（一四四一）二月二七日	渋谷重長譲状	ふちこゝろの屋敷
延徳二年（一四九〇）八月二一日	渋谷重豊譲状	ふちこゝろの屋敷

記載される後半は不知行《ふちぎょう》化していたであろうが、代々の譲状などに「屋敷」と記載されている。その屋敷は百姓屋敷とさほど変わらない可能性があることはすでに記したとおりである。

先の真壁朝幹《まかべとももと》の置文《おきぶみ》にも屋敷の記載があった。長禄《ちょうろく》五（寛正《かんしょう》二）年（一四六一）五月一五日付けの置文には「当城の替えとして尾子崎の屋敷のこと」と書かれていた。この置文についてはすでに触れたが、新しい要害を築くのに際して旧宅の措置が問題となっていた。朝幹は寺にすることを遺命しているが、その旧宅を「尾子崎の屋敷」と書き記していた。一五世紀中頃であっても「屋敷」と表現されていることは注目できる。

堀ノ内

さて、そこで問題としておかなければならないのは「堀ノ内《ほりのうち》」の問題であろう。研究史では史料に登場する「堀ノ内」と方形居館を直結させ、中世初頭に位置づけていた。しかし近年では方形居館を中世初頭に遡《さかのぼ》らせるのは困難で、「堀ノ内」を方形居館と捉えることはできなくなった。

そこで「堀ノ内」は何かということが、問題となるのだが、具体像を提示して概念化されるまでにはまだ至っていない。そのような中で、竹内千早の見解が手がかりとなっている（竹内一九八九）。竹内は史料を博捜《はくそう》し、次の二種類の堀ノ内を提起した。

①譲状や一族内での争論に関して出された文書に、特別な屋敷として表現されるもの。堀の内とは、屋敷一般を示すのではなく、一族内に唯一のもの、特に惣領《そうりよう》屋敷を示すものとして使われる（「屋敷型堀の内」とよぶことにする）。

②対一族・対外部を問わず使われる。領域の概念をあらわす村や郷と同様に使われている。内部には小字等の地名をも持つ（「村型堀の内」とよぶことにする）。

このように「堀ノ内」の語彙《ごい》の解釈から二つの概念を抽出している。このうち①は多分に観念的な問題も含んでおり空間で処理することが難しい場合があることには注意しておきたい。

また近年では、蔭山兼治が検討を深め、中世前期の「堀ノ内」とは一町四方という範囲にとらわれる必要がなく、一定の広がりをもつ開墾《かいこん》地を指すと述べる（蔭山二〇〇四）。それゆえに幕府から諸役免除の権利を認められ、領家《りようけ》からの所領返還要求に対抗する論理の根拠にもなったと論じている。そして一四世紀中頃から一五世紀に社会状況などから何らかの変化が生じ、本来の意味を失い、地名になるという語彙の変化を見通している。したがって、「堀ノ内」と武士の屋敷を直接に結びつける必要はなくなりつつある。

さてそこで、あらためていくつかの事例を見てみたい。先に相模国津村の事例を紹介したが、津村にも「堀ノ内」の語が見られた。仁治《にんじ》二年（一二四一）四月一七日付、津村尼譲状である。

ミなミ《南》ふかさハ《深沢》のうち、つむら《津村》のやしき《屋敷》てつくり《手作》のさかい《境》の事、（中略）このやしき《屋敷》てつくり《手作》ハ、ちうたい《重代》のほりのうち《掘ノ内》たる、（『新潟県史』一七五〇）

この記載によれば津村は「重代《じゅうだい》の堀ノ内」と記載され、竹内の①の事例にあたろう。しかし子細に見てみれば、この津村の「堀ノ内」は、事書《ことが》きに「津村の屋敷・手作りの境」とあり、「堀ノ内」の語の直前には「この屋敷・手作りは」とある。すなわち、屋敷＋手作の農地（直営田）で「堀ノ内」が構成されていることに気づく。したがって竹内の②の内容も持ち得ていることになる。

次に武蔵国熊谷郷《くまがやごう》の熊谷についても見てみたい。やや複雑であるが屋敷記載がある。年未詳であるが、鎌倉時代初めに熊谷直国《くまがいなおくに》分堀内免除状（『埼玉県史』一・三五）という文書が出された。同文書には「鶴岡八幡宮寺《つるがおかはちまんぐうじ》御神領武蔵国熊谷郷内地平内左衛門尉直国分堀内」（傍点筆者）と記載されている。この所領が承久《じょうきゅう》三年（一二二一）九月一八日付の関東安堵下知状（『埼玉県史』一・四一）では、「武蔵国熊谷郷内直国屋敷田地等」（傍点筆者）と言い換えられている。先の津村の事例に準拠して、「直国分堀内」とは、屋敷＋田地で構成されていると考えたい。

続く文暦《ぶんりやく》二年（一二三五）七月六日付の関東裁許《さいきょ》下知状（『埼玉県史』一・五五）では状況がやや異なる。相論の中で「熊谷郷者、亡父直国相伝之屋敷也」と述べられている。熊谷郷に対置されて屋敷と述べられているので、具体的な家屋をイメージしているのではないことは明らかである。先の竹内の①と同じ内容で「屋敷」が使用されていることになる。

徳治《とくじ》三年（一三〇八）正月二三日の関東御教書（『埼玉県史』一・一七九）では、「武蔵国西熊谷堀内田畠在家以下事」と記載されており、残念ながら実態がつかめない。熊谷郷内に関する記載は、元徳《げんとく》三年（一三三一）三月五日付の熊谷直勝譲状（『埼玉県史』一・二四六）が最後であろう。同譲状では「武蔵国熊谷郷内田畠・屋敷・名田・在家以下之地頭職」という記載になる。「堀ノ内」の語を見ることはできず、「堀ノ内」に端を発した所領の内容は次第に変容していく。他方、譲与の構成内容に屋敷が記載されていることが見られ、先の三浦和田・山内首藤・渋谷の諸氏と同じ状況が窺える。

熊谷氏の場合の「堀ノ内」も、当初のあり方を重視し、竹内の②で考えてよいと考えられる。そして注意すべきは、やはり居宅としては「屋敷」という表現が使用されていることである。当時の武家の本領における本宅は屋敷と認識されていたと考えてよかろう。

武家の屋敷と寺院

屋敷の周辺

戦争を念頭に置いた恒常的な城館は一五世紀中頃に誕生する。そしてそれ以前には臨時に築かれ、軍事的構築物としての「城郭《じようかく》」は本来は忌避されるものと観念されていたと説いてきた。しかし他方、『玉葉《ぎよくよう》』などにみられたように、破却《はきやく》を期待されない「城」の存在も認めねばならない。「城」という語彙《ごい》はどのような実態を指すものであろうか。少なくとも武家などの拠点施設であることは間違いなさそうである。そこで一五世紀中頃以前を中心に、武士の本拠を今少し散策しつつ考えてみよう。

屋敷の前面

新潟県十日町《とおかまち》市に伊達八幡《だてはちまん》館という遺跡がある。西の信濃《しなの》川にむかって緩やかに傾斜する河岸段丘上に所在する。昭和六二年（一九八七）に館のほ

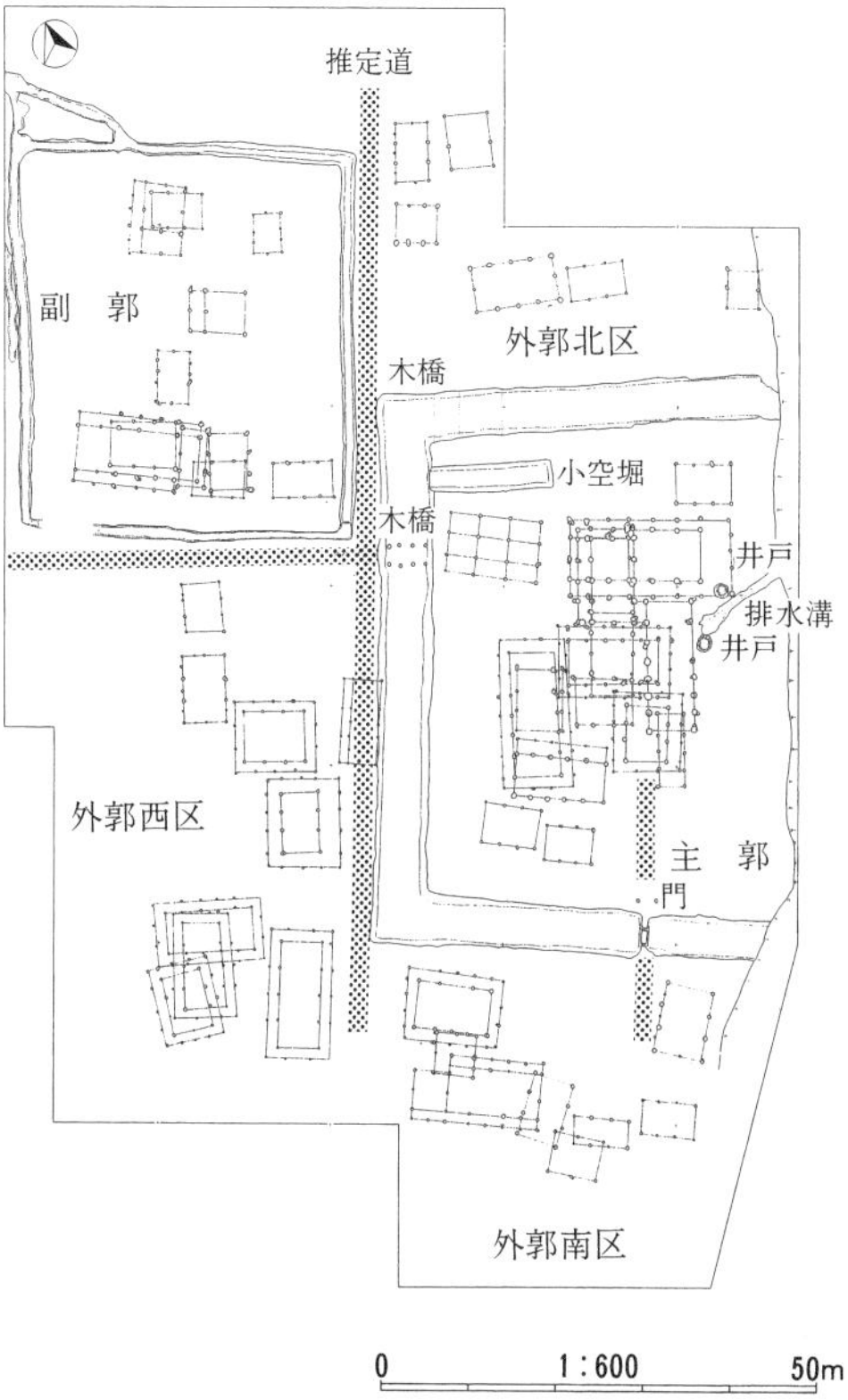

図7　伊達八幡館跡遺構全体図　『伊達八幡館跡発掘調査報告書』所載図に加筆。

伊達八幡館は新潟県十日町市大字伊達に所在する遺跡で、信濃川東岸で魚沼丘陵が東側に迫る南北に細長い段丘上の一角を占める。一九八七年（昭和六十二）に県営圃場整備事業にともなって発掘調査された。当初、館の所在は予想されず、調査によって初めて確認された。遺物から一三世紀後半から一六世紀にわたっての存続が想定される。伝承もないことから館主についても確定できないが、上野国新田氏の一族である鳥山氏の可能性が指摘されている。

とんどが発掘調査され、東側は未調査ながら三方向に堀と土塁《どるい》がめぐり、五〇メートル四方の方《ほう》形《けい》の居館（主館）が出現した。掘立柱《ほったてばしら》建物には主殿《しゅでん》級のものも含まれ、数次の建て替えが確認される。出土した遺物からその年代は一三世紀後半から一六世紀に及び、その中心的な時期は一五世紀と考えられる。その長い期間のなかで仏堂が建立《こんりゅう》された時期もあったようであり、館主は必ずしも明らかにはならない。一説では、鎌倉幕府倒幕に挙兵した新田義貞《にったよしさだ》に呼応する新田一族烏山《からすやま》氏が考えられている。

さてこの伊達八幡館で驚いたことは、この方形の区画の北西に隣接して、溝を四方にめぐらした一回り小さな方形の館（副館）が発見されたことである。従来は方形居館を単体として検討したことはあったが、周辺にまで注意が払われたことはなかった。

子細に検討を加えてみると、さらに興味深い事実がわかる。主館と副館の間は北東—南西方向の道路遺構が想定される（図中アミ部分）。この道路は後代では善光寺《ぜんこうじ》街道の枝道に比定《ひてい》されているところから、主郭西辺を街道が通過していたことになる。そして、この街道に直行し、副館南辺に沿うような道も想定できる。この道は主館の西堀に架かる木橋と一直線となる。すなわち主館は西側を正面とし、西面にT字型の街道と方形の居住区画を設定していることになる。また副館から道を隔てた南側には開放的な空間の中に四面庇《ひさし》をもつ建物が数棟見られる。あるいは仏堂の空間であったろうか。

同様な事例はまだほかにもある。群馬県太田市にある安養寺森西《あんようじもりにし》遺跡もその事例である。現在、明王院《みょうおういん》という寺院が遺跡地であり、同寺院の立つ場所が江戸時代の絵図によって堀を巡らす方形居館と確認された。明王院境内の南西隅で発掘調査が行われ、堀の角を検出した。発掘調査はこの地点より南東方向へ道路状に延び、一二～一四世紀前半の遺物や遺構を検出している。館主については、地名と史料との関連から新田義貞ほか新田惣領《そうりょう》家《け》の可能性が指摘されている。明王院に義貞の弟脇屋義助《わきやよしすけ》を供養《くよう》する板碑《いたび》があることはこのことに関連するのだろう。

調査は館のわずか南西隅を引っかけた程度であったが、その場所に続く館の南西面では方形の区画があることが確認された。この区画は東面と南面に溝を持ち南北六〇メートル、およそ東西九〇メートルの規模があった。さらにその区画から南東延長線上の発掘地点では、現在の明王院参道と平行して中世の溝があることも確認された。現在は参道となっている居館の南面から南方向へと延びる道が、中世においても存在していたということを、この溝の発見は示唆している。すなわち、館から南へ延びる道とその西側に居住ブロックという景観が浮かび上がる。

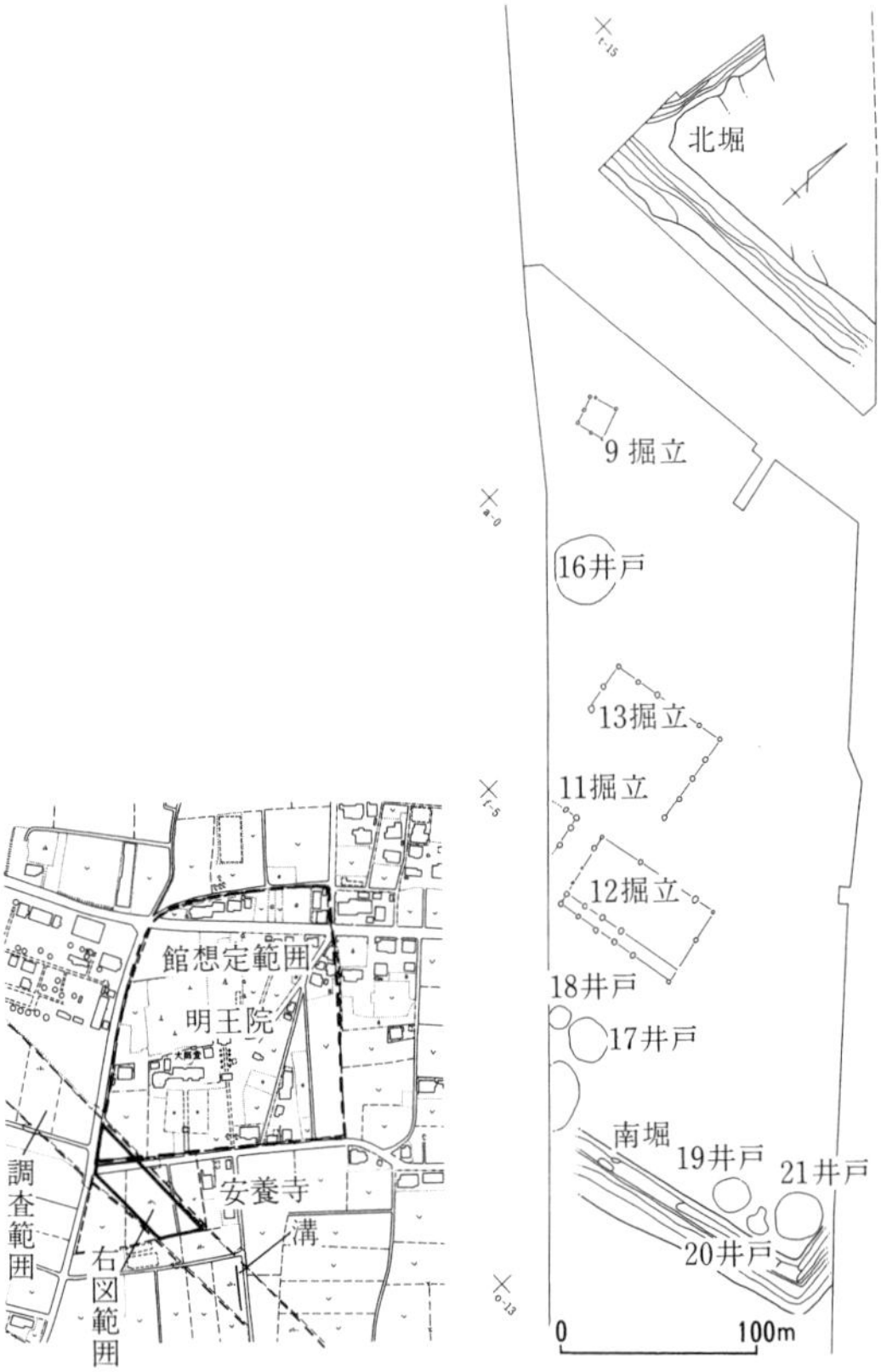

図８　安養寺森西遺跡

『安養寺森町遺跡大舘鳥場遺跡阿久津宮内遺跡』所載図に加筆．

群馬県太田市安養寺にある遺跡．1985年（昭和60）から1988年にかけて，国道建設に先立って発掘調査が行われた．調査によりおおよそ12世紀から14世紀前半に至る方形居館の一部とその南側前面を検出した．館の主体部は現在は明王院という寺院となっており，調査は及んでいない．安養寺という地名や遺物，さらには脇屋義助に関連する板碑の所在から新田氏に関係する方形居館と考えられている．

伊達八幡館と安養寺森西遺跡の事例はともに方形居館が単独で存在するのではなく、周辺に館を基軸に設計された道路や居住区があったことを示している。従前は武士＝開発領主の概念に引きずられ、館の前面には田畑が広がるイメージを定着させ、遺構としては方形の居館のみにこだわっていた。しかし、この二つの事例は方形居館の前面に設計された空間の存在を示している。もはや方形居館単体だけを検討するだけでは意味をなさなくなっている。

武芸の場

屋敷の周辺には、古くから指摘されているように、武士の本分である武芸を鍛錬《たんれん》する場があった。

武蔵《むさし》国入間《いるま》郡に金子《かねこ》氏がいた。その一族の金子家重《いえしげ》が孫のいぬそうに宛てて、永和《えいわ》五年二月一六日に譲状《ゆずりじょう》（『萩藩閥閲録』巻八一　金子弥右衛門）を認める。事書《ことが》きに「武蔵国へとしのこおり（郡）金子の郷の内屋敷の事」と書き出す。所領の中核部分であろう。この場所は現在の埼玉県入間市仏子《ぶつし》にあたる。所領内であろう場所に建つ高正寺《こうしょうじ》には建長《けんちょう》二年（一二五〇）・文永《ぶんえい》五年（一二六八）・観応《かんのう》二年（一三五一）の銘を持つ板碑が伝えられる。

高正寺の南の山を隔てたところに西から東へと延びる大沢という谷がある。金子家重の屋敷地はこの谷の出口あたりにあたると推測される。またこの付近より南の山並みを越え

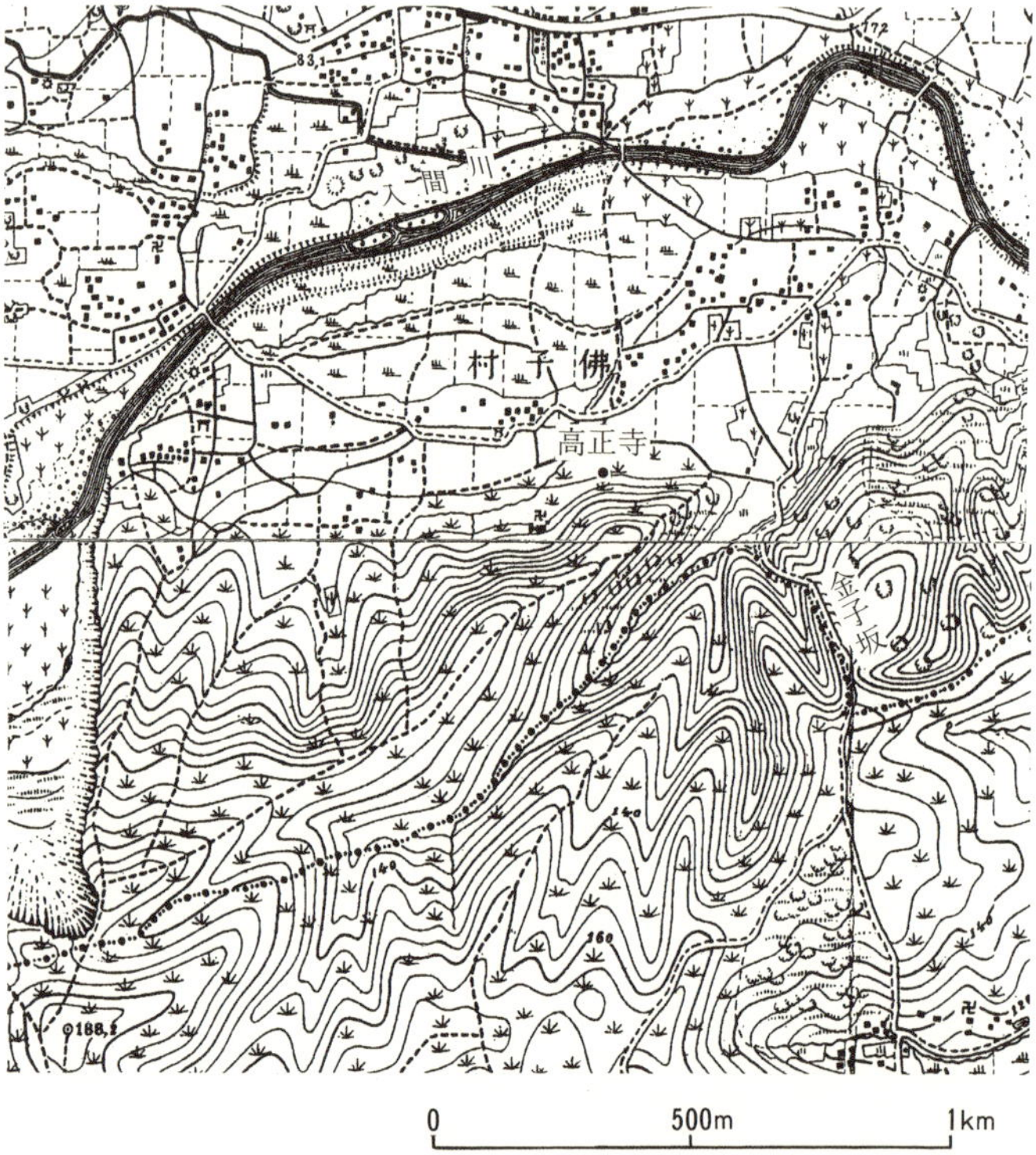

図９　金子家重屋敷周辺図

明治14年測量２万分の１地形図「扇町屋村」「飯能村」に加筆し，作成．江戸時代に毛利家が編纂した『萩藩閥閲録』に永和５年（1379）２月16日付けの金子家重譲状が所載される．この古文書には譲与する屋敷の景観が描かれており，地図の場所に比定された．ただし，屋敷地は確定されてなく，かつ周辺の考古学調査は実施されていない．高正寺の板碑が当時の面影を伝えている．

る坂を金子坂と呼んでいる。

さて、譲状には金子家重の屋敷の境が明記される。「四至境ハ、東の沢の流、東の坂の南のくねくねを、なか道の笠懸《かさがけ》のあづちの後ろの並木を直ぐに」と記載され、笠懸の時に的《まと》をかける盛り土の山があったことが記載されている。「東の坂」とは金子坂に一致するか、もしくはさほど変わらない位置と思われる。金子家重が笠懸の鍛錬を行った場が、屋敷地の一角で、かつ谷の出口付近にあったことが確認される。

笠懸の馬場は東国武士の譲状にしばしば見られる。先にも触れた相模《さがみ》国津村《つむら》でも笠懸の馬場があった。津村の堀ノ内《ほりのうち》の境として、「北ハ限るそうとう（物堂カ）の南の境、笠懸の的場の後の道」と記載される。堀ノ内空間の北側にランドマークとなる笠懸の的場が所在することが明らかで、堀ノ内の中に笠懸の馬場があったことになる。

明治一〇年（一八七七）の「津村腰越《こしごえ》村全図」には津村の谷の中に、神戸《ごうと》川の流れに沿って河口から並んで堀ノ内と馬場の小字《こあざ》を認めることができる。譲状に見えた笠懸の的場はこの小字馬場の一角にあったのかもしれない。

河口から見て細長い小字馬場の奥には、続いて「白山前《はくさんまえ》」という字がある（あるいは通称地名か）。現在でも橋名に白山橋の名前が残っている。この場所の北東には龍口《たつのくち》明神社が鎮座する。馬場は白山や龍口明神社と関係する可能性もあろう。文書中の「そうとう」を惣堂に当てるのはこの二社との関連である。

また常陸《ひたち》国行方《なめがた》郡荒原《あらはら》郷鳥名木《となき》村（茨城県行方市玉造町手賀字鳥名木）の領主であった鳥名木氏の場合にも馬場が見られる。観応二年二月三日付の鳥名木政幹《まさもと》譲状（『茨城県史料Ⅰ』鳥名木文書二）には領する屋敷・堀ノ内の空間が子細に記載される。

そのうち「井へ下りる辻より西へ上りニ、笠懸の馬場末の堀より外の道を廻りて、今賀茂の御前の馬場おり東の畠、同じき御馬場末の堀より外の畠」（原文は仮名）という記載がある。現在地がどこに比定されるか不詳であるが、屋敷・堀ノ内の境界線に沿って笠懸の馬場と今賀茂社の馬場があることが明らかになる。

金子家重の笠懸の馬場については神仏の関わりが指摘できなかったが、津村と鳥名木の事例を見る限り、神仏事に用いられる馬場との関連は無視できないであろう。従前、馬場は単純に武芸の教練のためにあったと説かれてきた。しかし流鏑馬《やぶさめ》などの神事を踏まえた時、単純に武芸の教練のみとも言えないようにも思える。例えば鳥名木の場合、「御馬場」と敬意を払って記載されることはそのことを如実に物語っている。

また鎌倉幕府は儀礼として流鏑馬を行っており、儀礼に奉仕するための鍛錬も想定しなければならない。まさに身分としての武士が行うべき職務の鍛錬の場という視点が必要なのであろう。

この点で興味深いのは常陸国真壁郡の亀熊《かめくま》である。真壁《まかべ》朝幹《ともとも》が一五世紀中頃に移転させる以前の本拠地である。北から南へと延びる台地に亀熊城は築かれている。その南端で、堀と河原との中間点に小字犬馬場という場所がある。おそらく誰もが犬追物《いぬおうもの》の馬場を推定する地名と位置であろう。真壁朝幹とその伯父秀幹《ひでもと》は、京都扶持衆《ふちしゅう》という当時の関東にあって鎌倉《かまくら》公方《くぼう》足利持氏《あしかがもちうじ》を相手に京都との関係を深めていた立場にあった。その将軍家は犬追物を儀礼としていた。このことと小字犬馬場は無関係ではあるまい。

居宅としての屋敷と武士の勤めを果たすための装置としての馬場。この二つが本拠の中核に位置していたことは間違いない。

寺社の造営

視点は方形居館の前面だけにはとどまらない。先述した中条房資《なかじょうふさすけ》記録は越後《えちご》国奥山庄《おくやまのしょう》の鶏冠《とさか》城が築城された記載を含むとして注目した史料であるが、この記録には着目すべき箇条がまだ残されている。

所領と鶏冠城の箇条に置文の遺言の要素が含まれているものの、中条房資記録は曾祖父茂資《もちすけ》以来自身房資に至るまで事実経過を書き連ねた記録であった。この観点に立った時、最終の一〇ヵ条目にも注意を払う必要がある。この箇条には「御宝殿」に般若院《はんにゃいん》・玉輪《ぎょくりん》坊《ぼう》の二子院を追加して一〇口としたこと、河間《かわま》八幡社《はちまんしゃ》を建立したことの二点を書き込んでいる。

「御宝殿」は所在地が不明であるが、一族の仏堂であると考えられており、一〇口の子院が存在したことから、奥山庄ではやや規模の大きな寺院であったことになろう。この寺院の整備を中条房資が行ったと書き記していることになる。また河間八幡社も記載されていることも自身の事績を子孫に伝えようとしたことにほかならない。

この記事に先立ち、三ヵ条目の中条寒資《さむすけ》の項目にも類似の記事がある。「花山之寺」を開山し、七日町の道場を建立したと書き記す。後者は道場とあることから時宗《じしゅう》寺院であろうか。両寺ともに詳細は不明であるが、寒資の事績として書き留められている。

さて房資が建立したと記載する河間八幡社であるが、「河間之城」と同様に比定地は不明である。しかし河間の地名を冠することから「河間之城」のほど近い場所であったことは間違いなかろう。先にも触れたが応永《おうえい》三二年（一四二五）一〇月、中条房資は従前の居館が維持できず、「河間之城」に立て籠もり、その時に奥山庄中条が戦場となっていた。あたかも戦乱に際して「河間之城」が臨時に取り立てられていたように、今までは読まれていた。しかし、城のあった河間に八幡社が建立されたことを評価すると、あながち軍事的な問題のみではないことになる。建立の事実に加えて、房資記録には自身の事績を顕彰することに主眼があったことに再度注目すると、「この時、居館を引き退き、河間之城に立て籠もる」とした記載は自身の屋敷の移転を記したとも読める。中条房資は屋敷の移転と八幡社の建立をセットにして、本拠の設定を考えてはいたのではなかろうか。同時期の中条氏の拠点として知られる遺跡は史跡奥山庄関連遺跡群の中核である江上館《えがみやかた》である。江上館の遺物から、江上館と「河間々城」は同時期であることは異論はなかろう。このように考えてくると江上館と「河間之城」の関連も追究しなければならない。

これらの自身の領内における寺社建立は、鶏冠要害を築いたことと同じように地域を治める領主にとって重要事だったと読み込んでよいであろう。そして、領主が壇那となる寺社は、領主自身が何らかの考えをもってその建立する場所を選択したと考えることは許されるだろう。屋敷の隣接地であるとか、関係のある方向に据えられるなどである。寺社は屋敷との相関関係をもって一定の空間の内に存在したのではなかろうか。事実、江上館の場合でも近くには密教系寺院跡が発掘調査によって確認されている。屋敷と寺社の相関関係も本拠の空間を考える重要な視点である。

このように考古事例や文献資料を考えてくると、もはや、武士の屋敷は単体では存在し得ないことは明らかだろう。では武士の屋敷とその周辺の様相を少しずつ探ってみることにしよう。

極楽往生

武蔵国入西郡浅羽氏の板碑

埼玉県坂戸《さかど》市北浅羽《あさば》の万福寺《ばんぷくじ》（真言宗）に一基の板碑《いたび》がある。主尊は胎《たい》蔵界《ぞうかい》大日如来《だいにちにょらい》で、大きさは地上高一一八センチ×最大幅八五センチ×厚さおよそ一五センチという巨大な板碑である。碑面に刻まれた銘文からこの地を名字とする武士浅羽氏に関わる板碑であることは明らかである。

武蔵《むさし》国児玉郡阿久原牧《あくはらのまき》（埼玉県児玉郡神川町）の別当であった有道遠峯《ありみちとおみね》は、秩父《ちちぶ》郡の秩父牧・石田牧をともに管理し、毎年二〇疋《ひき》の御馬を献上する役目を負っていた。遠峯の子孫は北武蔵に一族を展開させ、児玉党と呼ばれる武士団に成長した。遠峯から三代目の資《すけ》行《ゆき》は入西《にっさい》郡（入間郡西部）に来住して入西氏を称し、その子行成《ゆきなり》は浅羽を本拠地として屋敷を構え、浅羽氏を称した。一二世紀前半のことと推測される。板碑はこの浅羽行成の菩提《ぼだい》を弔《とむら》うために造立されたものである。

造立《ぞうりゅう》は行成の時代からかなり下った徳治《とくじ》二年（一三〇七）。施主《せしゅ》は行成から七代の末孫にあたる比《び》丘《く》彗見《すいけん》という人物である。鎌倉時代後期に浅羽氏一族が一族の祖浅羽行成を弔うため、行成の墳墓に造立したことが碑面に刻まれる。およそ二〇〇年経ての先祖供養《くよう》ということになろう。鎌倉末期の浅羽氏一族にとってシンボルというべき板碑であったのだろう。

この板碑は江戸時代には万福寺に所在していた。同寺は『新編武蔵風土記稿《ふどきこう》』には浅羽氏の菩提寺で、浅羽行成の子行長《ゆきなが》が再建したと記載する。当初の場所は、残念ながら明らかにできないが、地名や板碑の大きさ、碑文などから万福寺よりさほど遠くない場所に造立されたことは間違いない。墳墓に追善《ついぜん》供養として建立されたとあることから、浅羽氏の墳墓がこの付近にあったことになる。

入西条里と阿弥陀堰

現在、板碑が立つ場所は坂戸市北浅羽であり、まぎれもなく浅羽氏の名字の地である。周辺は浅羽氏が関わったであろう中世遺跡が伝わり、当時の景観がしのばれる。

万福寺の南面は古くより入西条里と知られている水田地帯である。その条里の水口にほど近い位置に万福寺は立地している。条里の水利は越辺《おっぺ》川からの灌漑《かんがい》用水である。現在はほど近い場所からの引水であるが、従前は毛呂山《もろやま》町からの用水路から堰《せき》を普請《ふしん》し分水して入西条里を灌漑していたという。この分岐地点は北浅羽の南西にあたる長岡という場所であり、その堰は阿弥陀《あみだ》堰と呼ばれている。

この阿弥陀堰に関する伝承を書き記す由緒書《ゆいしょがき》がある。

恵心《えしん》という聖人が回国《かいこく》して、この地に至った。この聖人に土地の者が宿を提供したところこの聖人が阿弥陀如来像を描き、与えた。この家ではこの阿弥陀像を庵室の西向きに安置した。数年を経たある晩、老夫の夢枕に阿弥陀如来が立ち、「光明の輝きし所を堀とし て、田の開発をすれば諸人の功徳《くどく》は末代に至る」と告げた。光明は長岡村明神の茂みの岩窟に当たった。示現《じげん》に従い掘削して、用水路が開かれた。この用水は一〇ヵ村を潤した。その開削は文保《ぶんぽう》二年（一三一八）二月という。

この由緒書は元応《げんおう》元年（一三一九）に記されたと記載があるが、内容や体裁から考えて書写されたのは江戸時代を遡《さかのぼ》らない。しかし、一概に葬り去ることができない内容を持つ。阿弥陀堰より引水した水は入西条里の基幹用水であること、伝承に阿弥陀信仰が色濃く影

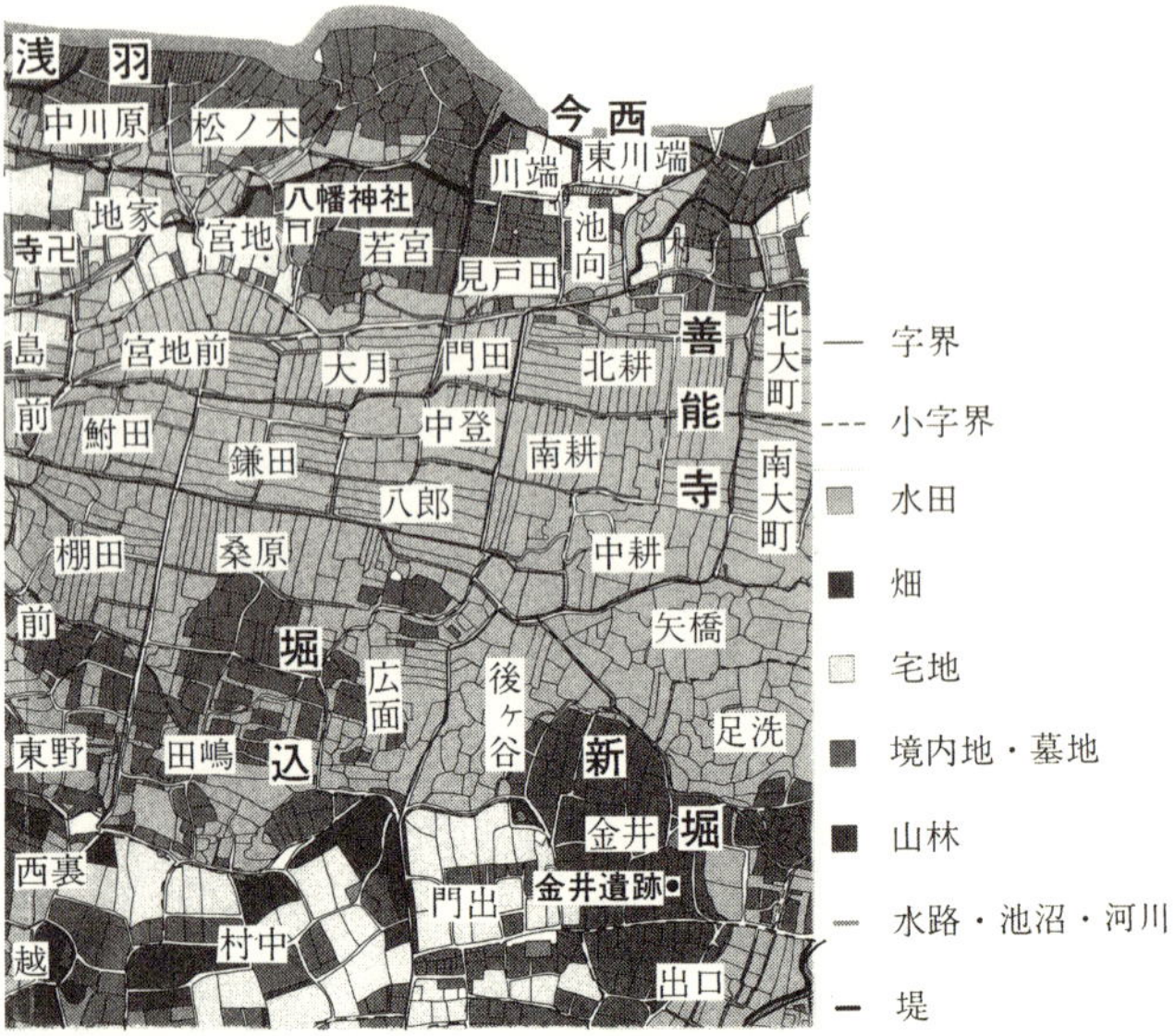

付近図　『中世のさかど』付図より作成.

発された条里．中世は浅羽氏が領しており，条里の水口に近たと推定される．条里の一角には鋳物師の遺跡として知られ

響を与えていること、堰の開発と回国聖《かいこくひじり》の関連が考えられることなどである。

少なくとも条里と阿弥陀堰の関係は否定できず、両者は中世には存在していたということは言える。このように解した場合、堰の管理者が誰であったかということは重要な問題である。浅羽氏との関係は十分に想定しなければならない。先の万福寺が当初は真言律宗《しんごんりつしゅう》であったと『新編武蔵風土記稿《ふどきこう》』は記載する。そして浅羽氏は得宗《とくそう》被官であったことは重

図10　入西条里

埼玉県坂戸市の越辺川南岸に開
い部分に浅羽氏の屋敷地があっ
る金井遺跡もある．

要な視点となる。近隣には条里に接するように鎌倉後期から南北朝時代に至る鋳造遺跡として著名な金井《かない》遺跡（坂戸市新堀）もある。浅羽氏・執権《しっけん》北条氏・技術者集団・律宗などの語は、万福寺板碑の周辺を語る重要なキーワードであることは間違いなさそうである。

板碑を取り巻く景観

浅羽行成を供養する板碑がある万福寺の南面には、阿弥陀堰より引水していた条里が西から東へと広がっていた。周辺には板碑が造立されていた空間、浅羽氏の墳墓も存在していた。

万福寺のある地は小字で地家《じけ》という。おそらく寺家の転化であろう。そして地家の東隣は小字で宮地があり、八幡神社がある。『新編武蔵風土記稿』には、浅羽行成が源頼朝《みなもとのよりとも》の命で鶴岡八幡宮《つるがおかはちまんぐう》から分祀し、鎮座させたと記される。時代にやや混乱があるが浅羽氏由緒の八幡社であることは間違いなかろう。小字宮地の東の小字は若宮、南東は大日、西は先の地家、宮地と地家の南側は宮地前。さらに地家の西側には大庭《おおば》そして西若宮と続き、阿弥陀堰がほど近くになる。阿弥陀堰に端を発する条里北側の微高地は中世にまで遡る宗教空間であったことは間違いなかろう。

問題は浅羽氏の屋敷地となるが、残念ながら不明である。万福寺とならぶような場所に屋敷は構えられていたかもしれない。あるいは万福寺から条里を隔てた対岸が大字で竹之内であり、館から竹への転化がしばしば指摘される。竹之内の南にあたる大字小山にはミダ・熊野・明神前・八幡などの小字が集中する。あるいは屋敷地の場所はこの地であったかもしれない。詳細は不明である。

しかし、地名や板碑、条里、そして宗教空間などの様相は、浅羽氏の屋敷が条里の周辺の微高地もしくは台地の一角に構えられていたことを示唆している。その場所が明らかになる日を期待したい。

武蔵国入西郡小代氏の屋敷

浅羽氏の本拠から越辺川を渡った場所、現在の埼玉県東松山市正代《しょうだい》は鎌倉御家人小代《しょうだい》氏の本拠地である。小代氏は浅羽氏や越生《おごせ》氏（埼玉県越生町が本拠）などとならび武蔵七党の児玉党《こだまとう》に属する。鎌倉時代後半には一族の大半が肥後《ひご》国野原《のはらの》庄《しょう》に西遷《せいせん》し、その地で栄えることになるが、正代は小代氏の名字の地にあたる。この地は北には都幾《とき》川が、南には越辺川が流れ、その両河川が合流する地点、西から東へと半島状に突き出した丘陵に、小代氏は本拠を据えた。

久寿《きゅうじゅ》二年（一一五五）八月一六日、源頼朝の兄義平《よしひら》は武蔵国大蔵《おおくら》宿で伯父源義賢《よしかた》と戦い、これを討った。敗戦により義賢の勢力は武蔵国から一掃され、三歳であった遺児義仲《よしなか》は木曽山中へと落ち延びる。この大蔵合戦のおり、義平は正代の地に屋敷を構えた。その後、

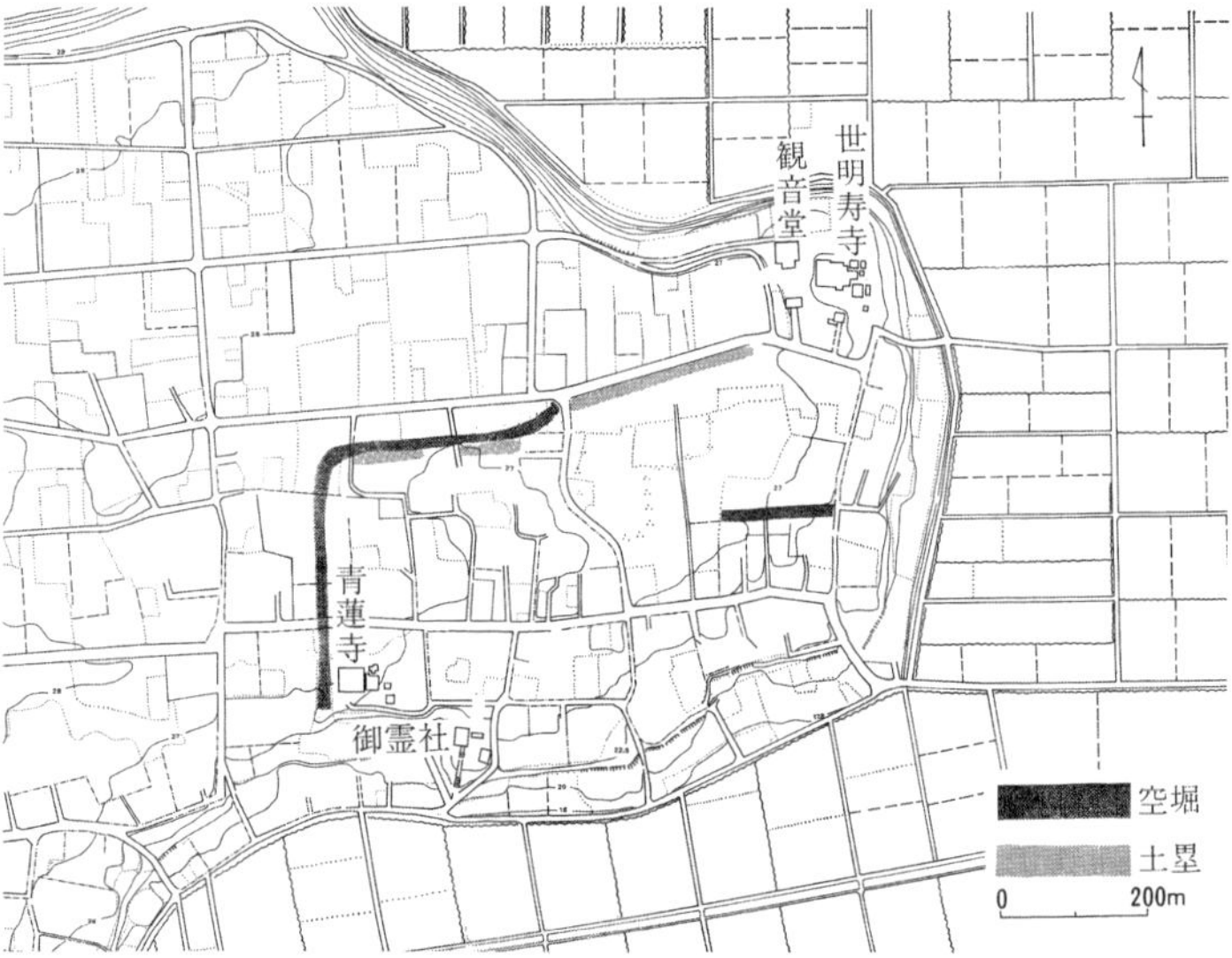

図11　小代屋敷周辺図　『東松山市史』資料編第1巻より転載.
埼玉県東松山市正代には鎌倉時代に御家人小代氏の屋敷があった．板碑が散在するほか源義平ゆかりの御霊神社も見ることができる．丘陵には屋敷にかかわると推定される土塁や堀も部分的に確認されているが，本格的な調査は実施されていない．

義平は平治《へいじ》合戦に父義朝《よしとも》とともに平 清盛《たいらのきよもり》と戦うが、戦後に捕らわれの身となり六条河原で斬首され、非業《ひごう》の死を遂げてしまう。菅原 道真《すがわらのみちざね》や梶原景時《かじわらかげとき》の例に代表されるように悲運の死を遂げた霊を弔《とむら》うために神社が建立される。その多くが御霊 社《ごりょうしゃ》であった。正代の屋敷地も義平由緒の地であったため、鎌倉時代には御霊社が勧請され、小代一族が祭祀に携わることとなっていた。この御霊社は今も正代に鎮座する。小代氏の屋敷はこの源義平の屋敷を継承したものであった。

この正代の屋敷を中心とした小代氏の所領は承 元《じょうげん》四年（一二一〇）に認められた小代行《ゆき》平譲 状《ひらゆずりじょう》に明らかである。

合

入西郡内勝代郷村々并やしき等事、

一所　屋敷ほりのうちなり

一所　よしたのむら（吉田村）四至

東こさむのつゝみ（堤）をかきる、南あとかは（安堵川）をかきる、西大たう（道）のふるみち（古道）をかきる北

たむきのさかひをかきる、

一所　みなみあかをのむら（南赤尾村）の四至

東なかぬま《長沼》のしつて《尻手》をかきる、南あとかは《安堵川》をかきる、西えそぬま《沼》のしつて《尻手》をかきる、
北えそぬま《沼》のしつて《尻手》より、しほぬま《沼》のかしら《頭》ニきりつく
一所　をつへ《越辺》の村四至
東えそぬま《沼》のしつて《尻手》をかきる、南かたやき《片柳》のさかひ《境》をかきる、西みそ《溝》をかきる、北
すけさねかた《方》のさかひ《境》をえそぬま《沼》のみなみのはた《南の端》ニきりつく、
一　阿弥陀堂壱宇加之
一　可立本田弐拾肆町加之
右、村々幷やしき《屋敷》、有道としひら《俊平》沙弥行蓮やうし《養子》たるによりて、ゆつり《譲与》あたふる事実
正也、但、永代をかきりてまたく《全く》た《他》のさまたけ《妨げ》あるへからす、仍後日そうもむ《相論》のため
にてつき《手継》の文書をわたす《渡》ところ如件、
承元四年《一二一〇》三月廿九日　沙弥行蓮《小代行平》（花押）
（『中世のさかど』勝呂2）

小代行平は鎌倉時代の初め、一の谷の合戦や奥州《おうしゅう》藤原氏との合戦に従軍した人物で一族では頼朝の信頼が厚かったと伝えている。譲状の冒頭に書き立てられる「屋敷・堀ノ内」が源義平屋敷を継承した場所にあたる。つづく吉田村・南赤尾村・越辺村は正代の台地の南面で越辺川が流れる低地に連なる村々になる。そして最後の箇条には本田二四町が

記載される。これらが小代氏の所領となる。

小代行平譲状でとりわけ注目したいのは「阿弥陀堂壱宇」の記載である。

小代氏と阿弥陀堂

阿弥陀堂の主尊の阿弥陀如来《にょらい》は、西方十万億仏土を過ぎた極楽浄土に住む仏という。その極楽浄土に往生《おうじょう》し、成仏《じょうぶつ》することを説いた教えが浄土教だった。この思想は平安期から鎌倉期に至ると法然《ほうねん》・親鸞《しんらん》・一遍《いっぺん》に代表されるように急速な発展を見せ、その広がりは確実に地域社会を捉えていた。

極楽世界の荘厳を想像し、表現して建てられた堂が阿弥陀堂だった。この堂で阿弥陀仏を拝み、そして来世に極楽往生を遂げるための祈願の装置として阿弥陀堂は建立された。譲状に記載された阿弥陀堂については後述する興仏寺《こうぶつじ》であるとか正代の南にあたる赤尾の阿弥陀堂であるなどと諸説あり、その場所は定まっていない。しかし譲状に項目を立てて記載されるほどであることから、小代一族の来世での極楽往生を祈念する場として一族で重視していた仏堂であったことは間違いない。

小代氏は鎌倉時代後期に惣領家《そうりょうけ》ほか主たる一族が肥後国野原庄に西遷し、正代に残った一族も南北朝期にはそのわずかに名を留めるばかりとなる。おそらく名字の地における一族の衰退が阿弥陀堂の荒廃にもつながったのではなかろうか。しかし、この付近にはこの時期の阿弥陀仏を主尊とする板碑が数基伝存する。源義平を祀る御霊社付近には寛喜《かんぎ》元年（一二二九）の年号を持つ画像板碑、正代の集落内に仁治《にんじ》四年（一二四二）、正中《しょうちゅう》三年（一三二六）の板碑、さらには世明寿寺《せみょうじゅじ》に主尊が不明ながら正和《しょうわ》二年（一三一三）の三尊板碑がある。とりわけ注目すべきは御霊社にほど近い位置ある青蓮寺《しょうれんじ》に所在する弘安《こうあん》四年（一二八一）七月一日付けの阿弥陀一尊種子板碑《あみだいっそんしゅじいたび》（県指定文化財）である。この板碑は小代行平より二代下った小代重俊《しげとし》の菩提を弔うために建立されている。碑面には重俊を慕う「一列諸衆」が合力《ごうりき》して建立した旨が記載されている。まさに小代氏に関わる板碑である。

正代の台地に散在する板碑や小代重俊の菩提を弔う弘安四年の板碑の存在は、小代氏の墳墓の地が現状で板碑が散在する付近に存在したことを示唆している。この場に深く関与したのが譲状に記載された阿弥陀堂ではなかろうか。そしてこの地はまさに小代氏の屋敷の地である。小代氏は自らの屋敷からほど近い場所に、来世に極楽往生を遂げるための装置としての阿弥陀堂を建立していたのだった。

武蔵国児玉郡庄氏と大久保山遺跡

早稲田大学の本庄校舎（埼玉県本庄市）の地で、校舎建築に先立って大規模な発掘調査が行われた。大久保山《おおくぼやま》遺跡と名付けられたこの遺跡から、中世前期を中心とする堀・溝で周囲を区画する複数の屋敷地が検出された。先の浅羽氏や小代氏と同じ児玉党の庄《しょう》氏がこの遺跡を本拠としていたと考えられるに至っている。

大久保山の山塊の南側、西を頂部として東に延びる谷に屋敷群は展開していた。谷の北側、すなわち大久保山の南斜面に屋敷群は立地する。中世における遺跡は全体でおおよそ八期に分かれ、一二世紀中葉から一六世紀前葉まで続くと報告される。このうち庄氏に関する屋敷はV期（一四世紀前葉）までとされている。以下に報告書（早稲田大学本庄校地文化財調査室一九九五・一九九八・一九九九）に導かれながら庄氏の本拠地の概況を紐解いてみよう。

まずI期（一二世紀中葉～後葉）に東西の谷の中央部（報告書ではⅢA地区）に一辺が約八〇㍍で不整形に区画された屋敷地が成立する。主屋は八〇平方㍍でほかに四棟が付属していた。

この中央部の屋敷が先行した理由として、瑞《ずい》花《か》八稜《はちりょう》鏡《きょう》や短冊状鉄製品を出土した一〇

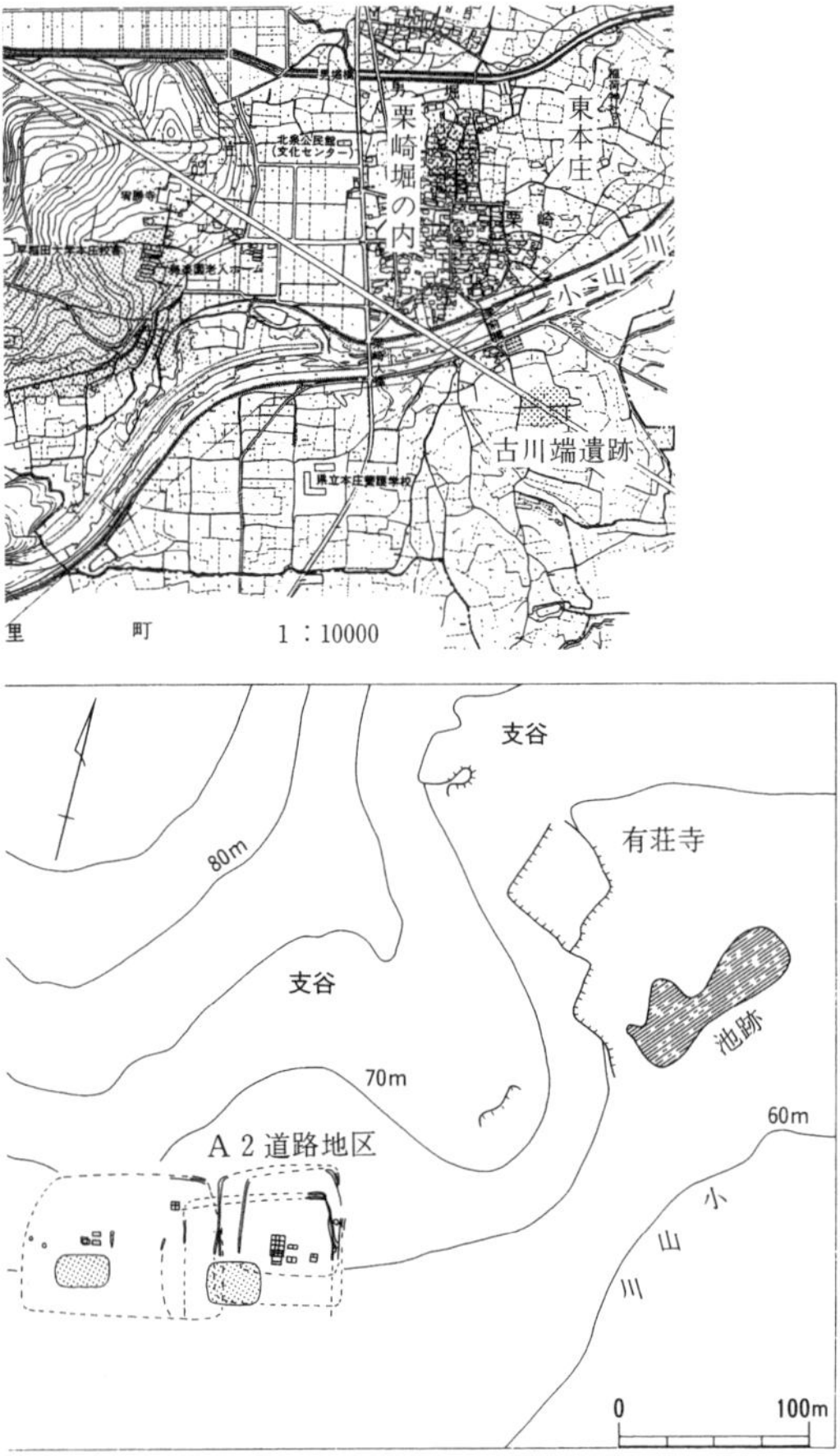

周辺の遺跡　『大久保Ⅵ』より転載.

敷地となっている．キャンパスの建設に先立って発
おり，その内，中世の武家屋敷にかかわる空間は南
明らかにされた重要な調査である．

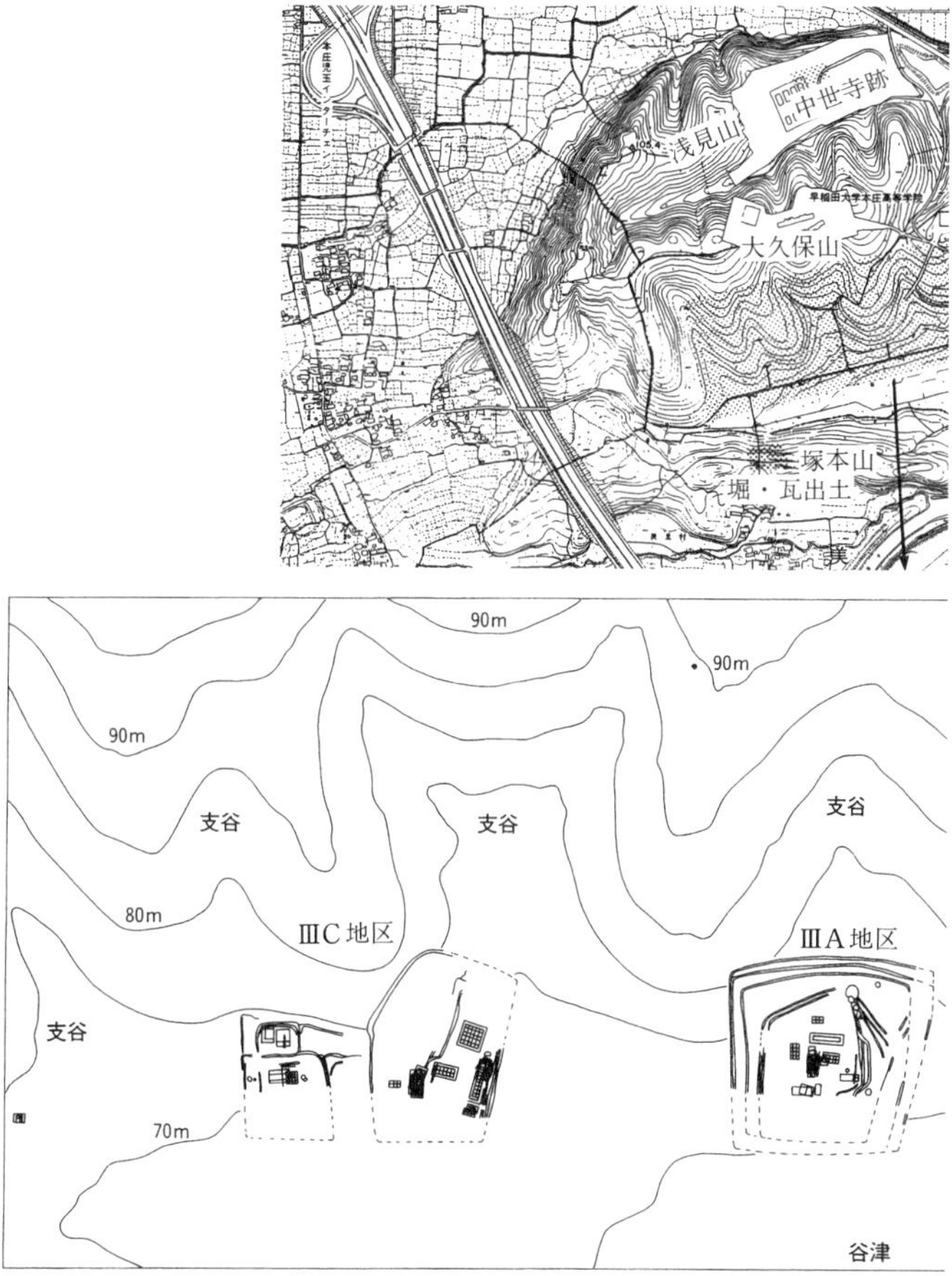

図12　大久保山遺跡と

大久保山遺跡は埼玉県本庄市栗崎にあり，現在は早稲田大学本庄校地の
掘調査が実施された．遺跡は浅見山丘陵全体にわたって遺跡が展開して
部の西から東へと流れ下る谷沿いにある．中世成立期から屋敷の変遷が

世紀中葉に成立した積石塚《つみいしづか》状墳墓があげられている。この墳墓は主屋西方二〇㍍の場所に存在した。墳墓が成立した一〇世紀からしばらくはこの周辺に住居はなく、屋敷の設定に際しても墳墓が意識された可能性を指摘している。「祖先の眠る地に館を構え、その聖域を取り込むことで、正統な後継者であるということを地域に誇示するためであったと推測される」と報告書は述べる。注目すべき見解であろう。

鎌倉時代前半にあたるⅡ期（一二世紀末〜一三世紀前葉）になると、中央部の屋敷構造に変化が生まれる。東西五間・南北二間・北側庇《ひさし》の主屋（約一〇〇平方㍍）と東西二間・南北六間の建物をL字に配置し、区画する溝も一回り大きく普請し、約一〇〇㍍四方の屋敷となる。

この時期、中央部の屋敷からおよそ一〇〇㍍ほど東に隔たった谷の出口付近（報告書ではA2道路地区）に屋敷地が成立する。この東部の屋敷地は約五〇㍍四方の区画溝を持つ。報告書では「従者の屋敷」と推定するが、庶子の屋敷である可能性もある。

Ⅲ期（一三世紀中葉）には中央部・東部の屋敷地はそれぞれ一一〇㍍と八〇㍍に拡大される。

続くⅣ・Ⅴ期（一三世紀後葉〜一四世紀前半）では大きな変化が生じる。中央部の屋敷が廃絶し、西へ二〇〇メートルほど移動して屋敷が構えられる（報告書ではⅢC地区）。西部の屋敷は区画施設が従前の浅い溝から、幅三～四メートル、深さ一メートルの薬研堀《やげんぼり》へと普請の規模が大きくなる。また区画内部には、確認の範囲ではあるが総柱の大型建物がコの字型に配置される。さらに西側に隣接して二つの屋敷区画が付属する。中央部の屋敷が西部に移転し、拡大している様子が窺える。同じように東側の屋敷も東西一〇〇メートル、南北四〇メートル規模の屋敷地に拡大している。東西二地区の屋敷地で規模の拡大が確認される。

このように西を奥とする谷の北側斜面に庄氏の屋敷地は展開している状況が確認されたのである。しかし、一四世紀前半を最後としてこの地の屋敷は廃絶する。庄氏はこの本拠地を離れたことになる。

仏堂と墳墓

大久保山遺跡のＶ期で注目したい点が今ひとつある。西部屋敷地から谷奥の西へおよそ一三〇メートルほど離れた地点に建てられた建物である。東西二間、南北二間で南を除く三方に庇を持つ建物で、斜面を段切りした削平地に単独で成立する。この建物について報告書は「近世と推定されている道路状遺構が谷津奥で合流する地点でもある。それは中世の遺構群がほぼ同一線上に並び、その南の限界は近世の道路状遺構とほぼ合致していることから、おそらくは中世においてもこの道が使用されていた可能性が考えられる。とするならば、この建物は屋敷地の最奥部の外れに立地していることになり、特殊な機能をもつ建物（社か）と推定される」と記している。立地や建物の構造を踏まえた時、この見解は重視される。

中央部屋敷は積石塚状墳墓の存在を前提として存在したと推定されていた。このように解するならば中央部から西部に屋敷地が移転した際、従前の屋敷―墳墓関係にも何らかの代替機能が予想されよう。西奥に単独に存在する小型建物は、西部屋敷に対する宗教装置とみなせるであろう。報告書は神社を想定するが、あるいは仏堂の可能性も有する。立地が一連の屋敷群の西奥にあるということを踏まえた時、西方浄土になぞらえることも可能であるかも知れない。その場合は阿弥陀堂ということになろうか。性格の詳細についてはさらなる検討を要するが、何らかの宗教施設であったことは間違いなかろう。

大久保山遺跡に関わる宗教施設で忘れることができないのが、東谷《ひがしや》中世墳墓群と「有荘寺」である。大久保山遺跡がある谷の出口付近、現在の宥勝寺《ゆうしょうじ》がある場所の南側に旧在した。

この場所で発掘調査が実施されたことはないが、古瀬戸《こせと》灰釉《かいゆう》瓶子《へいし》・常滑甕《とこなめかめ》および壺・在地産の甕や鉢などの陶磁器のほか、瓦・五輪塔《ごりんとう》・宝篋印塔《ほうきょういんとう》・板碑などの一三～一五世紀の遺物が採集されている。遺物の構成から中世墳墓および寺院の存在が想定された。そしてその寺院は庄氏の「有勝寺」を子細に検討した荒川正夫が、この遺跡が三面の平坦面と池跡からなると指摘した（早稲田大学本庄校地文化財調査室一九九五）。池は近年に至るまで存続していたらしく、その規模は南北約九〇メートル・東西約三五メートルで、大きな瓢箪《ひょうたん》状を呈する。そして一面と三面と名付けた二つの平坦面の中軸線と交差する位置に木橋が懸かっているとした。そして池北東部にむかって谷状に等高線が引けることから、遣《や》り水の方向性をも考察している。荒川はこの庭園について、当時の関東地方の構えられた鎌倉御家人の本拠地を例証として、浄土庭園であると推測している。空間の構造からその可能性はすこぶる高い。

浄土庭園であるかについての具体的な検証は今後の課題であるが、庭園や墳墓をともなう寺院であるならば、この寺院は庄氏との関連が当然のことながら想定される。つまり、この寺院は庄氏の極楽往生を祈願する寺院であり、主尊は阿弥陀如来である可能性が高いことになる。

阿弥陀堂と屋敷

屋敷と阿弥陀堂の組み合わせについて、興味深い見解が小野正敏によって提示されている（小野二〇〇四）。「東国における中世前期の館をめぐる景観を図式化すると、館＋寺院＋先祖墓＋氏神《うじがみ》である。これは、御館＋御堂（浄土庭園付）＋先祖墓＋氏神という、古代から中世への過渡期における摂関家《せっかんけ》や平安京の外に作られた白河《しらかわ》・鳥羽《とば》などの院御所の構成要素と景観を引き継いだものであり、平泉や鎌倉に典型的に見られるように、武士においても、特に浄土庭園をもち、瓦を葺《ふ》いた御堂は、上級階層の権威の象徴であった」とし、景観を「御堂は来世、未来の象徴、御館は現世の権威の象徴、氏神社や先祖の墓塔は過去の権威の象徴という風に換言すれば、東国では、来世の象徴には都ぶりを選択したが、現世の権威の象徴となる館にはむしろ積極的に東国在来の権威表徴として四面庇の主屋と長大な侍所《さむらいどころ》、厩《うまや》からなる建物構成を選択したのだと評価できよう。都と東国と、ふたつの権威表象をたくみに組み合わせ、使い分けたのではないか」と、屋敷を構成する建物を主軸に論じている。

小野が概念として使用する御堂は阿弥陀堂に置き換えられると考えている。そのため未来・現世・過去の時間軸で屋敷をめぐる景観を考える点については、本書に記しているようにやや異なる見解を持つが、列島規模での諸要素の系譜には示唆を得るところが多い。

大久保山遺跡内には一連の屋敷地の連なりに加えて、仏堂・庭園・墳墓のセットとなる空間があった。単なる構成要素の点在ではなく、西を奥とする東西方向の谷の北側斜面に東西一列に並んでいた。さらに西奥には小さな宗教施設もあった。屋敷の前面には水田が開かれていたことであろう。小さな谷であるから灌漑用水の引水はなく、天水田《てんすいでん》の谷である。谷奥には溜池も想定される。また、一連の屋敷地や寺院は道路で結ばれていたはずである。明治期の地図には、屋敷地や寺院に南面する道を記載している。多少の変動はあろうが、中世にまで遡る道と推測される。

この空間は浅羽氏や小代氏の本拠にも共通する点があることに気づくであろうか。浅羽氏の場合、阿弥陀堂は確認できなかったが、これに相当する浅羽行成の供養板碑があった。水田は河川灌漑であるが、万福寺や八幡神社が東西に並ぶ微高地の前面に西を水口とする条里水田が展開していた。西奥には阿弥陀信仰にかかわる堰があった。小代氏の阿弥陀堂は再論するまでもないであろう。水田は越辺川が形成した低湿地に展開し、その水田を見下ろす北側、正代の台地の南縁には小代氏の屋敷地があった。

西を上とした谷などに東西に延びる空間があり、その空間に沿った南面する谷の斜面には屋敷地・寺院・墓地が東西に連なっていたのである。大摑みながら小さな谷に設計を持った空間があるのではという想像ができるのではなかろうか。そして注目しておきたい点は、この寺院が当時の浄土思想の影響を受けたもので、一族の極楽往生を願う場であるという阿弥陀堂だったことである。

中世前期に武家の本拠地では、先の小野説に代表されるように屋敷（＝御館）と寺院（＝御堂）がセットとなる空間があったということが、近年、指摘されている。例えば、奥州藤原氏の平泉である。中核のひとつは中尊寺金色堂《ちゅうそんじこんじきどう》であることは論を俟たない。金色堂は阿弥陀如来を主尊とする阿弥陀堂であり、藤原氏歴代の遺体を安置する葬堂であった。藤原氏の当世（来世）での極楽往生を保証する機能を有していた。来世の空間である中尊寺と現世の住空間である柳《やなぎ》の御所《ごしょ》ほかの屋敷（館）空間とは対をなしていたと指摘されている。

また伊豆《いず》国韮山《にらやま》（静岡県伊豆の国市）もその事例と考えられる。標高一〇〇メートル《メートル》余の守山《もりやま》の北側山麓には円成寺《えんじょうじ》跡とされる場所がある。その故地周辺には北条氏の館があったとされ、東側山麓には願成就院《がんじょうじゅいん》があった。数多い諸堂のうちで中心は北条時政《ときまさ》が建立した大御堂であり、主尊は阿弥陀如来座像である。また同寺には浄土庭園が存在していたことも報告されている。願成就院は北条氏の極楽往生を願う装置であった。

このように武家の本拠地には一族の葬送地である墳墓が造営されると同時に、極楽往生を願う装置として阿弥陀堂が建立された。法然・親鸞・一遍に代表される浄土教のひろがりは確実に地域社会を捉えていた。阿弥陀仏の極楽浄土に往生し、成仏することを願った武家などの権力者は、自らの本拠に阿弥陀堂を建立した。各地に残る中世前期の阿弥陀堂建築はその信仰の深さを示していた。

そしてこの視点のみにとどまらず、自らの本拠に建立された阿弥陀堂は領主一族のみの装置ではなかったことも考えておきたい。地域の中で極楽浄土の荘厳を表現した阿弥陀堂は、地域支配の重要な装置になっていたのではなかろうか。地域の民衆は自分たちが暮らす地域の阿弥陀堂に結縁《けちえん》し、自らの極楽往生を願ったことが容易に想像されよう。領主は地域の民衆に極楽浄土を身近な存在として知らしめることを忘れなかった。その外護者として自らを地域に位置づけたはずである。その具体的な表現は誰もが認知できる阿弥陀堂と前面に広がる浄土庭園であったのではなかったろうか。此岸《しがん》（現世）から彼岸《ひがん》（来世）を望む空間という装置の創出は、地域社会に少なからざるインパクトを与えたはずである。本拠地における阿弥陀堂の重要性をこのように考えたい。

現世利益

本拠の地に営まれる寺院は極楽往生を祈願する阿弥陀堂《あみだどう》だけではなかった。そもそも阿弥陀堂は浄土系仏教の堂である。当時の仏教を考える際、顕密《けんみつ》寺院の役割の大きさは否定できない。その顕密寺院も、機能を持って地域に根を下ろしていた。

堂供養の伝承

先に紹介した小代《しょうだい》氏であるが、極楽往生を期待する装置である阿弥陀堂のほかに、さらに異なる機能を期待された寺院が鎌倉時代にすでに建立されていた。そのことが一つの逸話とともに伝えられている。

源　頼朝《みなもとのよりとも》が信濃《しなの》国三原での狩に向かう途中、大蔵宿にて「小代行平《ゆきひら》は参じているか」と尋ねたところ、梶原景時《かじわらかげとき》が「行平は御堂興仏寺これなりを造立し、明日が供養《くよう》でその営みがあるため、遅参いたします」と言上したところ、「それならば近隣の者は皆、行平が御堂供養に参じ、その後に参上するように」と梶原に命じられ、その上に梶原宗家《むねいえ》を使者として黒い御馬を下賜した。行平ならびに参列した御家人は供養の後に上野国《こうずけ》山名宿《やまなじゅく》に馳せ参じた。さらに鎌倉に帰還後、小代行平が頼朝にお礼を述べたところ、免田一二町を宛て給わり、御願所として将軍家の祈禱を行うようになった。

このような興仏寺《こうぶつじ》建立の逸話を一四世紀初頭に小代伊重が認めている（『東松山市史』二〇九）。記載されるように興仏寺では祈禱を行っていた。祈禱は霊験《れいげん》・利益《りやく》・加護救済などを願う宗教行為であり、まさに現世利益《げんぜりやく》を期待する仏法であった。日本では主として顕密寺院において行われる。とするならば興仏寺は現世利益を期待される寺院であったことになる。この史料では興仏寺は小代行平の建立によるものと記載されているが、施主《せしゅ》はともかく少なくとも鎌倉期の小代家では確実に現世利益の寺院を領内に建立していた。

そしてこの逸話で重視したいことは、この現世利益の装置を経済的に保証していたのが源頼朝が寄進した免田一二町であったことである。地域の領主が建立した装置を幕府が保証していたという社会構造がこの逸話には込められている。小代家では先の阿弥陀堂とあわせて領域統治のための二つのシステムを保持していたことになる。

さて、問題はその興仏寺の所在地である。結論から言えば、推定地があるにとどまる。小代屋敷の西南およそ一・五キロのところ、東松山市毛塚《けつか》に香仏寺《こうぶつじ》という字が伝わり、一四世紀代の板碑《いたび》が数基発見されている。一説にこの地に興仏寺が旧在したと考えられている。可能性はある。他方、正代の台地の東北隅に世明寿寺という寺院が所在する。境内からは瓦が出土し、寺院の年代は平安時代とされると推測されている。また同寺の木造千手観音《せんじゅかんのん》菩薩《ぼさつ》立像および眷属《けんぞく》の二十八部衆像は南北朝時代の作とされている。小代氏との関係を予測させる寺院である。

武蔵国岩殿の伝足利基氏館

埼玉県東松山市岩殿《いわどの》におよそ著名とはいえない城館がひとつある。東武東上線高坂《たかさか》駅西方の一キロ余付近を出口とする谷の中程にこの城館はある。谷底には九十九《つくも》川が西から東へと流れている。

城館の北側隣接地がゴルフ場と化しているが、おおよその旧景を残す。谷に臨む北側斜面に東西一八〇メートル×南北八〇メートルほどの範囲が区画されている。その区画の北・東・西の三方には土塁《どるい》と堀が残る。南側は、現在は道で区切られるが、この道もしくは九十九川が境であったと推測される。

斜面地を方形に区画するあり方は大久保山遺跡や児玉町の真鏡寺《しんきょうじ》後《うしろ》遺跡にも類似する。

郭内については発掘調査の履歴を持たないため、年代は明らかにできないが、この遺構のあり方と類似遺跡から、そして規模のしっかりした堀の存在からおおよそ一三世紀後半から一五世紀前半と推察される。もちろん遺跡の年代はさらに遡《さかのぼ》る可能性も有する。

この城館の遺跡名は伝足利基氏《もとうじ》館跡と呼称される。貞治《じょうじ》二年（一三六三）八月二六日、鎌倉公方《かまくらくぼう》足利基氏が宇都宮氏綱《うつのみやうじつな》の家臣芳賀高貞《はがたかさだ》と武蔵《むさし》国岩殿山《いわとのやま》・苦林《にがばやし》で合戦をする。基氏は芳賀勢を撃破し、下野《しもつけ》国まで追撃した。当該の館跡は『新編武蔵風土記稿《ふどきこう》』以来この合戦に関連するものと考察されている。しかし、基氏は合戦に際して短期的に逗留しただけであり、現在に残る城館を築いたと考えることはできない。東松山市が設置する現地看板が解説するように、この地を支配した領主の城館と考える方が妥当であろう。

岩殿の阿弥陀堂

伝足利基氏館の西には隣接して阿弥陀堂があった。斜面地には近年の墓地が建てられているが、この墓域は中世にまで遡る。『東松山市史』資料編第二巻では正安《しょうあん》二年（一三〇〇）を最古とし長禄《ちょうろく》四年（一四六〇）にいたるまで六七基の板碑の所在を報告している。周辺にはさらに多数の板碑が散在しており、この阿弥陀堂墓地より移動した可能性も捨てきれない。

阿弥陀堂墓地からは常滑《とこなめ》蔵骨器が出土している。基氏館跡の調査時、偶然に墓地内参道

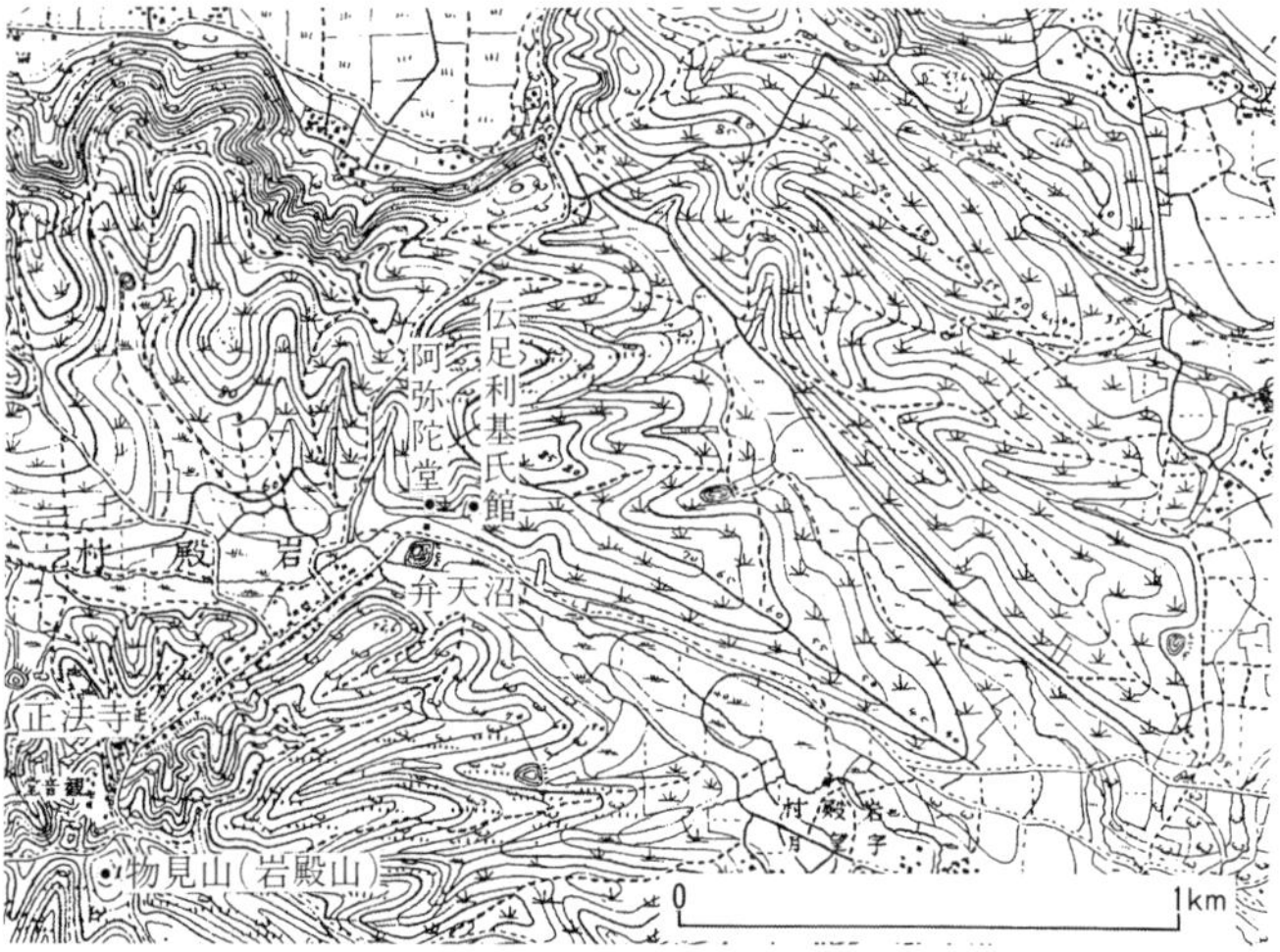

周辺図　明治17年測量２万分の１地形図「菅谷村」に加筆し，作成．

那智山にかかわる米良文書に一通の紹介状がある．康安元年（1361）の年
書は熊野から岩殿に向かう人物に持たせたものである．この岩殿の場所は
・浄土庭園・中世墓地・足利基氏館・正法寺などが存在する地であるが，
として考察されることはあったが，群として研究対象となることはなかっ
殿の地名を使用して，武家の本拠地の代表事例として紹介している．東武
方の埼玉県東松山市岩殿がその場所である．

図13　岩殿
和歌山県の熊野
号をもつこの文
従前は阿弥陀堂
それぞれが単体
た．本書では岩
東上線高坂駅西

に露出した蔵骨器を発見した浅野晴樹はその状況を報告し、その年代を一三世紀に比定している（浅野一九八四・および同氏示教）。この蔵骨器には人骨が充填されて埋設されており、その遺構の上部には、板碑と台石も確認された。これらを一群の遺構と報告している。中世墳墓の遺構と考えてよいであろう。

墓地正面の谷底には現在、「弁天沼《べんてん》」（約六五メートル×五〇メートル）と呼称される池が存在する。池には中島があり、弁財天《べんざいてん》が祀られている。阿弥陀堂と中世墓地の前面にある池という空間構成はまさに浄土庭園の立地であり、現況を調査した大澤伸啓もその可能性を強く指摘し、地籍図より復元案を提示している（大澤一九九三）。九十九川は池を迂回するように流れ、明治期の地図では池の南東及び東側で直角に折れる河道が見出される。池の造成にともなって自然流路が変更された結果と思われる。この直角の流路を境とすれば、「弁天

図14　比企岩殿の景観

写真左が弁天沼．右の墓地が阿弥陀堂の墓地．また，右の山なみの一角に正法寺がある．

沼」は今より大きな池であることが推定され、東端は基氏館跡の西側堀の延長線上に一致する。

また、池の付近より中世瓦の採集もされている。五片の平瓦を招介した石川安司は、その年代を一二世紀末から一三世紀前半、一五世紀前半以降と述べている（石川一九九六）。板碑の年代や空間構成を踏まえた時、伝足利基氏館跡・阿弥陀堂そして「弁天沼」は関連する遺跡であることはほぼ間違いない。

このように考えた時、墓地内にある一基の大型板碑の存在が重要な視点を提供する。高さ二六〇㌢×幅五八㌢という巨大な応安元年《おうあん》（一三六八）八月二日付の胎蔵界大日如来種《たいぞうかいだいにちにょらいしゅ》子《じ》板碑（東松山市指定文化財）である。板碑の建立される応安元年は争乱の年であった。当時、関東で実力を有していた河越直重《かわごえなおしげ》ほか平一揆《へいいっき》の諸領主が、同年二月五日に河越館に立て籠もり、鎌倉府に反旗を翻した。平一揆の乱と呼ばれる南北朝期の政治史では重要な合戦である。鎌倉府は軍勢を派遣し、六月一七日に河越館を攻撃し、陥落させた。翌閏《うるう》六月には鎌倉に引き上げるものの八月には下野国に兵を進め、乱の処理を継続している。板碑はこの最中に建立されたことになる。

河越直重とならび平一揆の重要メンバーの一人に高坂氏がいる。この高坂氏の名字の地

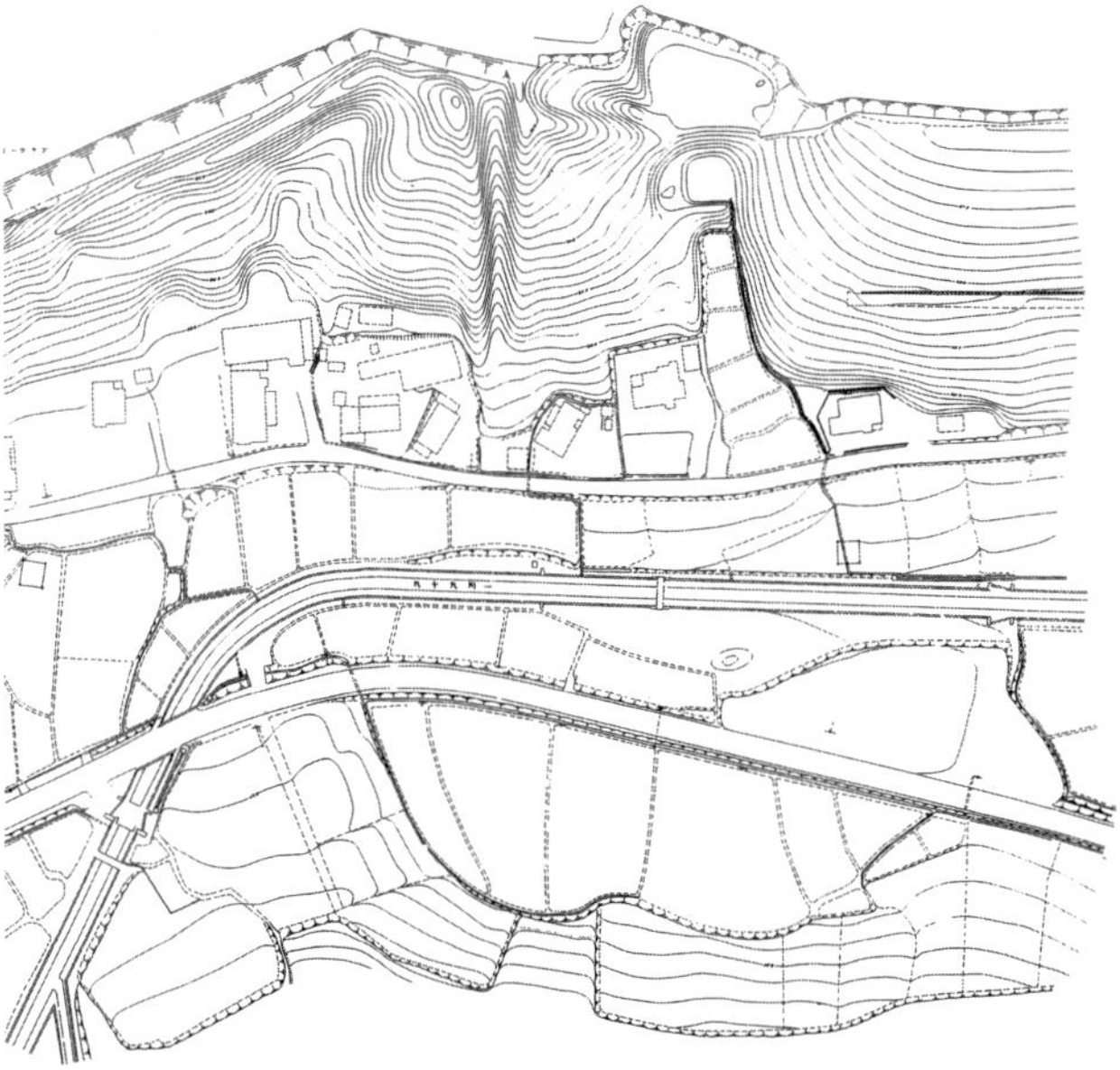

辺測量図　『東村山市史』資料編第1巻付図を転載.

図16　東松山市応安板碑写真

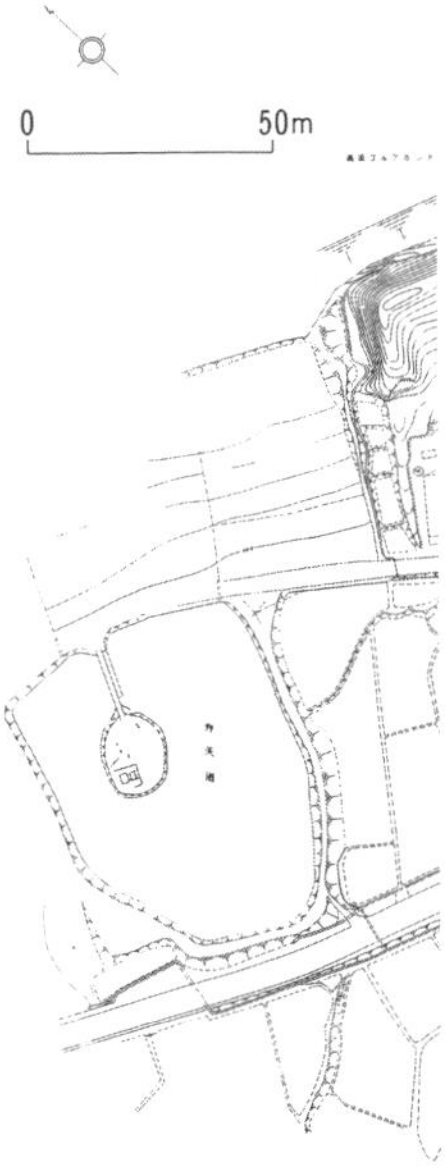

図15　伝足利基氏館周

が岩殿の東隣にあたる高坂である。岩殿が高坂郷内であるかは不明であるが、わずか数キロしか隔てない岩殿が高坂氏と無縁とは考えにくい。その平一揆の乱で高坂氏も滅亡している。平一揆の乱と板碑造立そして造立地である岩殿という交点に高坂氏は存在する。とすれば伝足利基氏館跡の領主とは高坂氏である可能性はすこぶる高い。先の板碑建立の背景に平一揆の乱があったことは間違いないであろう。

乱後、高坂氏の所領は没収され、本領高坂郷は京都の鹿王院へ、隣接する戸守《ともり》郷は下野国足利《あしかが》の鑁阿寺《ばんなじ》に寄進される。高坂氏の滅亡を示す象徴的な出来事である。そういえば、足利基氏と高坂氏重は、関東管領《かんれい》と平一揆の中核メンバーという当該期の中心人物であった。岩殿山合戦は両者の緊密性の象徴でもある。その一体性が伝足利基氏館という名称を生み、伝承されたのであろうか。

西を奥とする東西の谷の北側斜面に並ぶ阿弥陀堂と伝足利基氏館。この空間構成はまさに大久保山遺跡などで確認してきた武家の本拠地の空間構成である。多くの地が緊急調査にともなって確認されたことに比して、岩殿での空間構成が考古学調査が実施されてはいないものの、自然景観を残す状況で確認された意義はすこぶる高いと言わねばならない。

巌殿山正法寺と補陀落山

阿弥陀堂前面の池は谷奥で枝分かれする数本の支谷の合流点に位置する。谷水を集める位置に所在する「弁天沼」は九十九川沿いの水田を潤すため池として機能していたかもしれない。中島に弁財天が祀られていることは、池の勧農機能の関連を暗示している。

「弁天沼」の東端は伝足利基氏館の堀との関連があった。反対の西端にもあるいは空間設計があったかもしれない。西端から南西方向に一直線の道が丘陵目指して延びている。あるいは在りし日の阿弥陀堂から直線で見通せる位置関係であったかもしれない。この延長線上には坂東三十三所の第一〇番札所として知られる正法寺《しょうぼうじ》がある。

同寺は坂上《さかのうえの》田村麻呂《たむらまろ》ゆかりの寺院で養老《ようろう》二年（七一八）創建という縁起を持つ。加えて、源頼朝の命で比企能員《ひきよしかず》が再興したと伝えられている。源頼朝の側近でかつ二代将軍源頼家《よりいえ》の外戚であり、周辺の領主であった比企能員の伝承があることには耳を傾けておきたい。

少なくとも、伝存する「武州比企郡　岩殿寺」と記された梵鐘《ぼんしょう》は元亨《げんこう》二年（一三二二）四月九日の作と明記されており、正法寺は鎌倉時代に遡る。そして坂東三十三所は天福《てんぷく》二年（一二三四）以前に成立していたと考えられている。比企能員（一二〇三年没）の年代からさほど隔たっていない。何よりも伝足利基氏館・岩殿の阿弥陀堂と同時期に存在していたことは間違いない。

正法寺の本尊は千手観音である。坂東三十三所の一寺であることから、中世においても観音菩薩が主尊であったことは間違いなかろう。そもそも観音は、正しくは観世音菩薩といい慈悲・救済を特色とした仏で、観音への信仰は日本では鎮護国家から日常的な致富や除災などの現世利益が中心であった。観音は現世の補陀落山《ふだらくさん》に住むと説かれたことから、各地に補陀落山に見立てられた霊場を生むことになった。すなわち中世の地域社会にあって観音を主尊とする霊場は現世での利益を生む場、祈願を受ける場として機能していたのだった。阿弥陀堂が極楽への往生を保証する来世への装置であったのに対して、観音霊場には別の役割、現世での装置が期待されていたことになる。この現世利益の正法寺が岩殿に、武家の本拠の一角に備わっていた。

ところで、『東松山市史』資料編第一巻は正法寺に現存する版木「坂東第十番武蔵国比企郡巌殿山之図」中には「比企判官旧地」との記載があるとし、この旧地が伝足利基氏館跡付近とする。正法寺の中興はまさに比企能員と伝承されている。伝足利基氏館跡の起源が比企能員の活躍した一三世紀初頭まで遡ることは、あながち否定できないのではなかろうか。

坂東三十三所と東国武士

岩殿に所在する現世利益の装置としての坂東三十三所第一〇番札所正法寺に注目したが、坂東三十三札所と東国武士との関連はこの事例にとどまらない。

そもそも観音信仰の普及にともなって畿内近国で西国三十三所が成立する。その年代は『千載和歌集《せんざいわかしゅう》』所載の歌を初見とし、一二世紀中葉にまで遡る。遅れて坂東三十三所が成立するが、その年代は八槻都々古別神社《やつきつつこわけじんじゃ》（福島県東白川郡棚倉町《たなぐらまち》八槻）の木造十一面観音菩薩立像の墨書銘より天福二年（一二三四）以前と指摘されている。中央での観音信仰が地方に拡大し、坂東三十三所は西国三十三所の模倣によって形成されたと考えられる。そして両者の中間に鎌倉幕府の成立があり、札所によっては寺院縁起に源頼朝との関係を示唆する伝承もある。坂東三十三所は鎌倉幕府の主導によって形成された可能性が高い。

坂東三十三所は現在も生きている巡礼所であり、当然のことから一定の変遷も想定しなければならない。したがってその霊場の場所も不変とは必ずしも言い切れないようである。しかし縁起に含まれる伝承には地域の歴史が反映されており、他の同時代資料との比較検討により地域像の構成に益する素材であることは、正法寺の例のとおりである。以下、いくつかの札所について武家の本拠との関わりにおいて触れてみたい。

○第一番……杉本寺《すぎもとでら》　神奈川県鎌倉市二階堂

『吾妻鏡《あずまかがみ》』には文治《ぶんじ》五年（一一八九）一一月二三日条に焼亡記事を初見として、しばしば登場する古寺で、鎌倉の中では小規模ながらも早くから建立されていた寺院として知られる。逗子《ずし》にある二番札所岩殿寺《がんでんじ》（岩殿観音）とともに源頼朝の崇敬が篤《あつ》く、大蔵観音とも呼ばれていた。頼朝の御所である大蔵の東方に位置し、東西方向の谷の北側斜面に所在する。

○第六番……長谷寺《はせでら》　神奈川県厚木市飯山《いいやま》

厚木市北方で、相模《さがみ》川の支流小鮎《こあゆ》川が山間から平野に注ぎ出す付近に所在する。古くから飯山観音の名で知られる。周辺には廻峰《かいほう》修行の霊地が連なり、飯山観音の背後にも白山《はくさん》神社がある。飯山観音は谷奥に所在し、谷の出口には律宗金剛寺（本尊木造阿弥陀如来 平安期 国重文）があった。この両所を中心に宗教ゾーンが形成されていた。また同所よりやや下流の地点は中世相模の飯山鋳物師《いもじ》の活動場所と比定されている。中世における飯山は都市的な場と言いうる様相を持っていたと考えられる。

この飯山は中世では毛利庄に属する。戦国大名毛利氏を生んだ毛利氏の名字の地である。

図17　杉　本　寺

その毛利庄内の中心的な地がこの飯山にあたる。毛利氏と毛利庄で忘れることができないのは鎌倉時代初頭の吏僚である大江広元《おおえひろもと》・毛利季光《もうりすえみつ》父子である。季光は毛利を名字とするほどであることから、庄支配の拠点を庄内に持っていたことは間違いない。『新編相模風土記稿』には鎌倉馬場町鶯谷の宅地の鎮神として飯山両社権現社《ごんげんしゃ》が祀られており、両権現とは大江広元・毛利季光を指し、飯山を称したのは両者の居所である毛利庄飯山に由来したという。また毛利季光は、関白藤原道兼《みちかね》の三男で法然房源空《げんくう》の高弟隆寛《りゅうかん》を飯山に庇護した。坂東三十三所の成立に鎌倉幕府の関与が想定される際、飯山観音と大江広元との関係は当然予想される。

確定的な資料は存在しないが、飯山と毛利氏との関係は切れることはなく、その居所を飯山に求めることは他の状況から無理ではなかろう。

○第一一番……安楽寺《あんらくじ》　埼玉県比企《ひき》郡吉見《よしみ》町御所

安楽寺のある吉見は、中世にあっては鎌倉より上野国新田庄・下野国足利庄および佐野庄へと延びる鎌倉街道上道《かみみち》が通過する地にあたり、交通の要衝であった。南北朝時代、能《の》登《と》国守護となり北陸で活躍した吉見頼綱《よりつな》・氏頼《うじより》はこの武蔵国吉見を名字の地とし、鎌倉時代は同地を領していた。彼らは源頼朝の弟範頼《のりより》の後裔である。その吉見の一角に安楽寺がある。鎌倉街道の詳細は不明であるが、付近の台地の東側裾を南北に通過する道筋であり、その鎌倉街道から分岐して西方向に台地の中央へと分け入ると、谷の奥に現在の安楽寺は所在する。

谷の出口付近には御所という地名があり、息障院《そくしょういん》という寺院が所在する。同寺は伝承では応永《おうえい》年間（一三九四〜一四二八）に現在地へ移転して来たとされる。本尊は木造不動《ふどう》明王《みょうおう》坐像（寄木造・彫像　鎌倉期）。そして注目したい点は同所が源範頼館跡の地という伝承がある点である。範頼はともかくも吉見氏に関連する屋敷地であった可能性は高い。付近の御所遺跡からは一三世紀から一五世紀にわたる国産陶器・舶載磁器が出土している。

西の谷奥にある札所安楽寺と東の谷出口の御所という位置関係は、東国武士の本拠の景観という範疇《はんちゅう》で捉えられそうである。

○第二〇番……西明寺《さいみょうじ》　栃木県芳賀《はが》郡益子《ましこ》町益子

現在、西明寺は戦国時代においては益子氏の本城であった西明寺城の一角に所在する。明応《めいおう》元年（一四九二）の楼門・天文《てんぶん》七年（一五三八）の三重塔・室町期創建の観音堂などが境内の建つ。観音堂には鎌倉時代を中心とする仏像群が安置され、その由緒の深さを物語っている。観音堂と山城のどちらが先であったかについては詳細にし得ないが、戦国時代にあっても益子氏が現世利益の装置を城内に確保したことを物語っている。地域の領主の持つべき機能のあり方を示している。

西明寺の東方およそ二キロの地点に大羽山地蔵院阿弥陀寺がある。浄土庭園や宇都宮氏関連の墓地の存在が指摘されている。西明寺との関連も含め興味深い。

○第二二番……佐竹寺《さたけでら》　茨城県常陸太田《ひたちおおた》市天神林町

佐竹寺は寺名に明らかなように常陸国佐竹氏縁《ゆかり》の寺院である。天神林《てんじんばやし》は佐竹氏発祥の地とされる場所にあたる。ただし、現在の佐竹寺の寺地は戦国時代の城館である天神林城の城下に所在するが、天文年間（一五三二〜五五）に移転してきたとされ、本堂（国重文）は天文一二年（一五四三）の建立である。

寺伝に佐竹氏初代昌義が居城の鬼門除《よ》けとして信心を篤くし、佐竹氏累代の祈願所としたと伝える。地図上での位置関係は明確にし得ないが佐竹氏の屋敷と観音堂の関係は推察されよう。

これらの寺院のほかにも第一五番長谷寺と里見氏・第一九番大谷寺《おおやでら》と宇都宮氏・第二三番観世音寺《かんぜおんじ》と笠間《かさま》氏・第二五番大御堂《おおみどう》と筑波《つくば》氏・第二七番円福寺《えんぷくじ》と海上氏・第二九番千葉《せんよう》寺《じ》と千葉氏など両者の関連を示す寺院がある。これら地域社会にあって現世利益を地域の

図18　佐竹寺　山門

領主が期待したことを想定することは間違いではないであろう。

観音信仰との関連を考える場合、その聖地は坂東三十三所のみにとどまるわけではない。補陀落山として見立てられた日本列島の山は熊野がその第一であり、列島各地に形成された熊野山霊場もまた補陀落山であった。先に掲げた常陸国真壁《まかべ》の真壁氏の事例を見てみよう。

熊野山信仰

熊野那智《くまのなち》大社に関わる米良《めら》文書には一四世紀前半の真壁氏に関わる文書が四点含まれる。そのうち最後の元亨二年（一三二二）二月二日の熊野山検校宮那智山師職安堵状《あんどじょう》（『真壁町史料Ⅲ』「熊野那智大社文書四」）には鎌倉末南北朝期の真壁家の惣領《そうりょう》で真壁幹重が登場する。

同文書によれば、提出された真壁幹重等の「願文」ほかに任せて「真壁地頭」一族は「譜代《ふだい》の檀那《だんな》」として善寂房律師御房に御師《おし》職を認めるとしたものである。真壁幹重等の「願文」とは、常陸国の先達が作成した文書であり、熊野に導いた真壁幹重を筆頭とした真壁一族の檀那の名簿である。したがって真壁幹重は熊野参詣を行ったことになる。

その真壁幹重が信仰した熊野社が本拠とした亀熊《かめくま》にもあった。亀熊城のある舌状台地の根本に、「熊の宮」という小字が残っており、熊野社があった場所とされている。元禄《げんろく》一〇年（一六九七）『亀熊村差出帳』にも存在が確認される。

また、亀熊城の北には先述した「熊の宮」のほかに「芝の宮」・「星の宮」の小字も残る。それぞれ神社の存在を示す小字であるが、この三つの小字が接して残っている。このうち「星の宮」については、正和《しょうわ》五年（一三一六）の真壁郡亀隈郷内北荒野村田畠散田目録に「星宮神田」が確認でき、鎌倉期まで存在が上る。三社の場所は亀熊城の北の限界として考えられる土塁の近辺にあたる。とりわけ「熊の宮」と「芝の宮」はその外側に想定される堀切《ほりきり》と接していた。つまり「熊の宮」・「芝の宮」・「星の宮」で三社が構成され、亀熊城の北の境に存在したことになる。

亀熊城の空間構成と関連してこれらの小字は所在した。これらは真壁一族の在地での熊野信仰を語る場であり、現世利益を保証する装置が真壁氏によって彼らの本拠地の一角に設けられていたことを示している。

『大般若波羅蜜多経』に込める期待

現世利益をもたらす装置は観音霊場にはとどまらず、ほかにも考えられる。そのひとつに『大般若波羅蜜多経《だいはんにゃはらみったきょう》』がある。現在、関西地方を中心に各所で調査が進められ、全体像をうかがい知る報告書が刊行されている。また関東地方では加増啓二の研究が知られ、経典の持つ役割を活写している（加増一九九七）。

『大般若波羅蜜多経』は『西遊記《さいゆうき》』で著名な玄奘《げんじょう》が最晩年に翻訳した六〇〇巻からなる経典群である。日本列島には八世紀には渡来しており、東大寺《とうだいじ》・元興寺《がんごうじ》・薬師寺《やくしじ》を初めとした国家寺院からはては荘園の鎮守にいたるまで、各所で転読が行われている。

同経典を用いた法会《ほうえ》により、①「国家安泰」・②「五穀豊穣」・③「神前法楽」・④「追善と算賀」・⑤「天変地異の除災」・⑥「異国降伏《ごうぶく》」などが期待された。年中行事化する法会に期待された中心的課題は①・②・③・⑤ということになろうか。まさに『大般若波羅蜜多経』は「安穏」を実現するためのツールであった。

法会の後に大般若札の配布や『大般若波羅蜜多経』を収納した経櫃《きょうびつ》が村内を巡行するという民俗事例が報告されている。この事例はまさに地域社会を護持する直接的な表現ということになる。おそらく中世にまで遡るであろう。

それゆえ、荘園の荘官や地頭など地域支配を執行する領主層にとって『大般若波羅蜜多経』は必需品となっていた。地頭などの武家の祈願所や荘園の鎮守ではその霊験と不可分なものとなっていたと指摘されている。現世利益をもたらすと認められており、地域支配のための重要な装置だった。

経典の略奪

山梨県甲府市中道町《なかみち》にある日吉《ひえ》神社に興味深い『大般若波羅蜜多経』がある。書写年代は明応～文亀《ぶんき》年間（一四九二～一五〇四）であるが、同社に所蔵されるにもかかわらず遠江《とおとうみ》国の地名が多く見られる。中には「遠江国棚草郷春日大明神御宝前」と記載されるものもある。当初は間違いなく、春日社（静岡県菊川市棚草）に奉納されていた。

新潟県小千谷《おぢや》市にある魚沼《うおぬま》神社にも五九九巻の『大般若波羅蜜多経』が所蔵される。同社には室町時代の阿弥陀堂が残る。経典は識語《しきご》から至徳《しとく》四年（一三八七）から応永二年（一三九五）にかけて書写されたものであるが、奥書《おくがき》などに見える地名から、同経が作成されたのは隣国越中《えっちゅう》国であるとされている。

魚沼神社の『大般若波羅蜜多経』については『新編会津《あいづ》風土記』に興味深い記載がある。同社宝物の『大般若波羅蜜多経』は、以前は富山県小矢部《おやべ》市七社《しちしゃ》にあった長岡《ながおか》神社の所蔵であった。その経典を上杉謙信《うえすぎけんしん》が越中国に乱入した際に略奪し、魚沼神社に奉納した。このように記載している。現在、この説が支持されている。

愛知県東栄町の慶泉寺に伝えられる『大般若波羅蜜多経』についても戦乱にともなう略奪の履歴が奥書に記される（『愛知県史』資料編一一・織豊一―八四七）。同経典は当初、設楽郡足込郷に所在していた。永禄元年（一五五八）に「乱取」（略奪）されて遠江国の井伊谷に移動していた。元亀三年（一五七二）十月の武田信玄による遠江国侵攻直後の十二月中旬に、この『大般若波羅蜜多経』を森又五郎という人物が再度「乱取」して所持していた。それを慶泉寺の住僧が取り戻しのために使者を派遣し、森又五郎に寄進させたという。戦乱にともなって、『大般若波羅蜜多経』が略奪され国を越えて移転する事例である。

日吉神社の『大般若波羅蜜多経』もおそらく同様な過程を経てもたらされたものではなかろうか。戦国時代、東遠江は武田家の侵略を受けた。争奪の中心地の一つに高天神城《たかてんじん》（静岡県掛川市大東町《だいとう》）がある。春日《かすが》神社は高天神城からほど近い場所にある。おそらく武田家にかかわる人々が何らかの手段で得た春日社の『大般若波羅蜜多経』を甲斐《かい》国へ運んだのであろう。

六〇〇巻に及ぶ経典を新規に揃えることは容易なことではない。書写の苦労がいかなるものであったかは現在残る『大般若波羅蜜多経』の奥書が如実に語っている。ましてや開版となると資金・労力ともに莫大なものを要する。この懸案を克服するために経典が売買されていることも知られている。『大般若波羅蜜多経』は地域間を動くものだった。その一つの動き方でもっとも劇的な形が戦国大名による略奪ということになる。略奪してまでも備えたい。『大般若波羅蜜多経』に期待する霊験は実に大きかった。

下野国鑁阿寺の建立

下野国足利にある鑁阿寺《ばんなじ》は以前、中世武士の方形居館の典型として例示されることが多かった。鑁阿寺は足利氏の邸宅の中に建立されたことが古文書からわかること、および方形に廻る堀と土塁が残ることが根拠となっていた。鎌倉幕府の有力御家人、室町将軍家となった足利氏の発祥の地として理解されてきた。

しかし、近年、鑁阿寺より東南方向にあたる国府野遺跡が中世足利中心部の一様相を示すとして、また岩井山《いわいやま》城が一五世紀の拠点として確認された。振り返ってみれば鑁阿寺の地が足利氏の屋敷地であったと考古学的に確認された調査はない。通説も再検討を迫られている。

足利氏の屋敷が現鑁阿寺の地であったかどうかはともかく、ここでは文献資料で足利氏の「御堀内」の中に鑁阿寺が創建されたことをまず確認したい。

鑁阿寺が所蔵する『鑁阿寺樺崎縁起《かばさきえんぎ》并《ならびに》仏事次第《ぶつじしだい》』(『栃木県史』中世一　鑁阿寺文書一二四)は鎌倉初期の足利義兼《よしかね》が「御堀内をもって氏寺とし」、自らの法号鑁阿を寺号として建立した伽藍《がらん》であると記している。この「次第」の成立は室町時代と考えられている。義兼は正治元年（一一九九）に没し、その御廟塔は赤御堂と呼ばれたという。鑁阿寺は義兼以後、義氏《よしうじ》・泰氏《やすうじ》・頼氏《よりうじ》・家時《いえとき》・貞氏《さだうじ》と継承され整備されていく。

鑁阿寺の法会と経典

仁治二年（一二四一）、足利義氏は足利庄公文所《くもんじょ》に対して四ヵ条の下文《くだしぶみ》を発し、仏事を定めている（『栃木県史』中世一　鑁阿寺文書七〇）。このうち三月八日には父義兼の御忌日会を毎年行うように定めている。この義兼忌日会は、文永八年（一二七一）には大御堂一切経会《おおみどういっさいきょうえ》と呼ばれており（『栃木県史』中世一　鑁阿寺文書一二）に「一、鑁阿寺三月八日一切経会事」と書き出す先例が書き留められている。義兼忌日会は一切経によって行われるようになっていた。

一切経とは「一切の経典」という意味で、経典の総称である。大蔵経《だいぞうきょう》とも呼ばれ、七世紀に国家的に日本に導入された。この一切経は東アジアにおいて正統的な仏教の系譜につながることを象徴的に表現し、さらには国家的正当性を表現するものと考えられていた。その思想は江戸時代にまで引き継がれ、徳川家康《とくがわいえやす》も芝増上寺《ぞうじょうじ》に宋《そう》版・元《げん》版・高麗《こうらい》版の一切経を施入している。総数五〇〇〇を超える一切経には当然ながら『大般若波羅蜜多経』も含まれた。

図19　鑁阿寺　一切経堂　足利市教育委員会提供

桁行五間，梁間五間で宝形造りの建物．国指定重要文化財．寺伝によれば，建久7年（1196）に創建し，その後，応永14年（1407）および宝永5年（1708）に修理されたという．鎌倉・室町期様式を残すものの，江戸時代の雰囲気の建物となっている．修理によって改造を経るが，創建時の平面そのままを伝えると考えられている．

この一切経の転読《てんどく》が三月八日に行われたことは、足利義兼の追善《ついぜん》も当然のことながら、国家安穏・五穀豊穣・天変地異の除災が祈願されたことになる。

また、『鑁阿寺樺崎縁起幷仏事次第』には鑁阿寺の年中行事の法会として「四季大般若」を二月一日・五月一日・八月一日・一一月一日に行うように定めている。定期的な『大般若波羅蜜多経』の転読はまさに地域の安穏を期待することにほかならない。

鑁阿寺には建長六年（一二五四）に「足利庄堀内」で書写されたことを示す『大般若波羅蜜多経』（折本）が伝えられている。「四季大般若」で転読された『大般若波羅蜜多経』はこの経典であったかもしれない。

このように『大般若波羅蜜多経』を用いた法会が年中行事として鑁阿寺で行われていた。室町時代には鎌倉府との関係を考えねばならないが、鎌倉期にあっては御家人足利氏の主催する法会として捉えられる。国家安穏・五穀豊穣・天変地異の除災の祈願は地域に安穏をもたらす。現世利益をもたらす法会を行う装置としての鑁阿寺が、足利氏の屋敷と一体であったことに注目したい。

新宮城と新宮熊野神社

福島県会津盆地西の山裾に新宮城《しんぐう》という平城がある。一〇〇㍍余四方の方形の主郭を中心とし、南北の沢を堀に見立て、東と西に堀を廻らして外郭線を設ける。概略としては二重の方形区画を持つ城館である。城主は鎌倉御家人佐原義連《さはらよしつら》に系譜を引く新宮氏。

近年、新宮城では確認のための調査が継続し、大きな成果を上げている。青磁碗・古瀬戸《こせと》天目茶碗《てんもくちゃわん》・珠洲甕《すずかめ》・カワラケほかなど多様なものが出土し、一五世紀前半代を中心とした年代観を示している。

「塔寺八幡長帳《とうでらはちまんながちょう》」に応永二七年（一四二〇）に「新宮城没落」の記事が見え、その後の永享五年（一四三三）に最終的に新宮氏が滅亡することが確認できる。したがって文献資料と考古遺物の年代が合致する。

新宮城はおおよそ一五世紀前半までの城館として貴重な事例といえよう。

新宮城の南側に熊野神社がある。近年、鎌倉前期建築である長床《ながとこ》（国重文）の美しい映像が話題を呼び、多数の観光客を得るようになった。平安時代末には会津盆地内にあった熊野本宮社と那智神社とともに熊野三山を構成していた。

この新宮熊野神社に建武三年（一三三六）書写ならびに応永三五年（一四二八）修復の

図20　新宮熊野神社　長床

福島県喜多方市新宮にある新宮熊野神社の拝殿がこの長床である．桁行9間，梁行4間という長大な建物の創建は中世に遡り，国重要文化財に指定されている．

奥書を持つ『大般若波羅蜜多経』が所蔵される。あわせて中世の御正体《みしょうたい》・鰐口《わにぐち》・牛玉法印《ごおうほういん》版木《はんぎ》も残る。中世の法具が在地に多数伝わる。荘厳な長床とあわせて中世の雰囲気を十分に今に伝えている。

現在、『大般若波羅蜜多経』は正月行事として転読されている。転読後、村の四方の入口に大般若転読札を結んで結界するという。まさに村の安穏・五穀豊穣・天変地異の除災を祈願する行事が、今に息づいていることを実感する。

会津盆地西側の山裾に新宮城と新宮熊野神社がセットで並ぶ。熊野信仰の霊地であり、かつ『大般若波羅蜜多経』を所蔵する現世利益の装置としての新宮熊野神社の存在は明らかであろう。新宮熊野神社と新宮城が並ぶ光景が一五世紀前半の世界であることを注目したい。

本拠と要害

武家の本拠──遠江国の事例

静岡県菊川市《きくがわし》を流れる菊川。その中程に遠江《とおとうみ》国の武士として著名な横地《よこち》氏の名字の地がある。横地は菊川の東岸にあたり、東を奥とする小さな谷に向けて西横地・東横地・奥横地が並ぶ。その地に横地氏の本拠の空間が展開している。

横地氏関連遺跡群

横地氏は、江戸時代に源氏に転姓したことから通説では源義家《みなもとのよしいえ》末流と語られることが多かったが、実は伊豆《いず》から遠江にかけて多く見られる藤原南家流の一族で、おそらく遠江国在庁官人《ざいちょうかんじん》出身の武士である。鎌倉時代は御家人として、室町時代は奉公衆《ほうこうしゅう》として将軍に近侍した。在国となったのは一五世紀中頃と思われ、応仁《おうにん》の乱の余波を受け、文明《ぶんめい》八年

（一四七六）に駿河《するが》国今川義忠《いまがわよしただ》の攻撃を受け滅亡した。

横地の谷はすでに数多くの発掘調査を重ねている。数次におよぶ殿ヶ谷《とのがや》遺跡、武家の屋敷の一区画が確認された伊平《いへい》遺跡・谷の様相を垣間見せた横地城下遺跡群のほか、総合調査などにより各所に発掘調査のメスが入った。その結果、武家の本拠の様相のモデルとして横地氏関連遺跡は価値を認められるに至った。

本拠の谷

谷間の中心は西側の出口付近にある。出口付近で北側に切れ込む小さな谷を殿ヶ谷といい、この地に横地氏惣領《そうりょう》家《け》が屋敷を構えたと発掘結果から考察されている。屋敷本体は未調査であるが殿ヶ谷の地から白磁《はくじ》四耳壺《しじこ》・青白磁《せいはくじ》梅瓶《めいぴん》・緑釉《りょくゆう》洗《せん》が出土し、カワラケが大量に出土している。遺構として礎石建物が検出されているのも貴重である。

屋敷東側は三光寺《さんこうじ》と呼ばれた寺院の跡地である。この寺院は中世には時宗《じしゅう》寺院であったらしく、背後の山から阿弥号の銘を持つ石塔ほか多数の五輪塔《ごりんとう》・宝篋印塔《ほうきょういんとう》が出土する。屋敷とセットとなる極楽往生の空間がここにある。また殿ヶ谷の東隣、谷の奥方向には横地太郎塔と呼ばれる大型の宝篋印塔が建つ。おそらく横地氏の墳墓がこの付近にあった。この伝三光寺から横地太郎塔付近には極楽往生の装置としての寺院と墓地があったことになる。

またさらに東の奥には慈眼寺という寺院がある。この付近には「東御堂谷《ひがしみどうがやつ》」「西御堂《にしみどうが》谷《やつ》」の小字が残る。御堂の語に注目したい。この横地の谷には法然《ほうねん》の高弟西蓮《さいれん》が居住したことが文献からわかっているが、その寺の後身がこの慈眼寺であるという推定もある。浄土系の寺院が考えられ、極楽往生の機能が考えられている。しかし慈眼寺の現在の本尊は顕密《けんみつ》寺院が本尊とする薬師如来《やくしにょらい》である。加えて境内には数基の中世石塔は見られるものの、周辺に中世墳墓群の展開はない。したがって、現世利益《げんぜりやく》の寺院である可能性も残る。装置

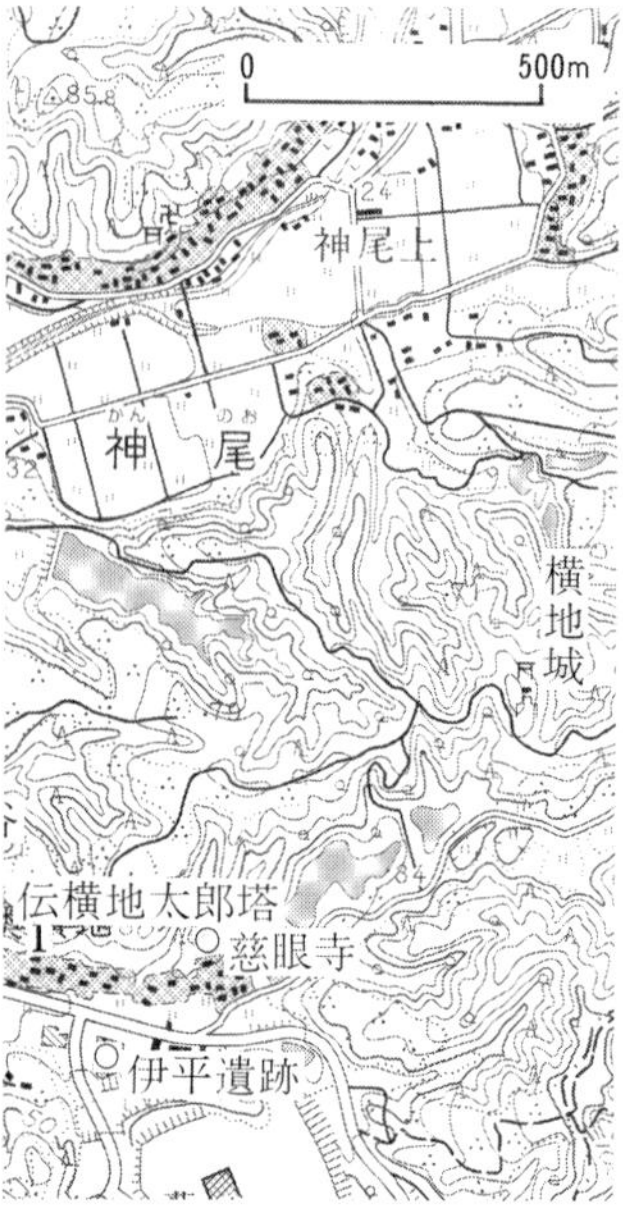

「下手川」に加筆し，作成．
地氏の名字の地にあたる．
中世初頭はこの地に中心が
谷に拠点を移し，殿ケ谷遺

図21　横地周辺図　国土地理院発行1：25,000地形図
遠江国の御家人で室町時代は幕府奉公衆の一員であった横
藤谷神社南面には領所遺跡があり，地名や周辺の遺跡から
あったと推測される．鎌倉時代初頭に横地氏は東南方向の
跡の地に屋敷を構えた．室町期には谷の奥に要害も築く．

の内実は今後に課題を残しているが、横地の谷に存在する中世寺院であることは間違いなかろう。

とりわけ注目したい点はこれらの主要な遺跡が谷の北側斜面に並ぶように展開しているということである。

これに対して、谷の南側には伊平遺跡がある。伊平遺跡は殿ヶ谷遺跡が存在する同時期に平行して存在する武家の屋敷空間である。殿ヶ谷遺跡と伊平遺跡の空間がどのように使い分けられていたかは不明であるが、考古学的には殿ヶ谷が上位と考えられている。確たる証拠はないが、伊平遺跡を庶子《しょし》の屋敷地と考えておきたい。

谷の中にさまざまな遺跡が確認された。そこには屋敷地と極楽往生の装置としての寺院と墓地である。武家の本拠を考える関係を見出せる。これに対して現世利益の装置はまだ明確にされていない。具体的には顕密寺社であるが、今後の課題であろう。

氏神藤谷神社

しかし、横地氏の場合、谷の外に横地氏の氏神藤谷神社《うじがみふじや》がある。藤谷神社は横地氏が奈良の春日《かすが》大社を勧請《かんじょう》したものといわれており、藤原姓横地氏にふさわしい神社である。横地氏の末裔は江戸時代になっても同社を崇敬しており、一族の系図を奉納した。先に会《あい》津《づ》の新宮熊野《しんぐうくまの》神社に『大般若波羅蜜多経《だいはんにゃはらみったきょう》』が奉納されていることを見た。神仏習合《しんぶつしゅうごう》の中世社会にあって寺社の切り分けは難しいことがある。横地氏が藤谷神社を崇敬していたことを踏まえれば、現世利益の機能は藤谷神社が担っていたと考えるのが妥当かもしれない。

要害横地城

横地の谷奥の山頂には山城《やまじろ》横地城が残る。文明八年（一四七六）に駿河国今川義忠はこの山城を攻め、落城させた。横地氏滅亡の場所ということになる。

横地城は総合調査が実施されたおりに確認調査で試掘が数ヵ所入れられている。古瀬戸縁釉皿《えんゆうざら》・古瀬戸平碗・天目《てんもく》茶碗・常滑《とこなめ》壺・青磁碗（蓮弁文《れんべんもん》・雷文《らいもん》・無文《むもん》）・青磁稜花皿《せいじりょうかざら》・白磁皿・染付《そめつけ》碗などが出土し、年代は文明八年落城を支持する結果となった。そして遺物から見る始まりも一五世紀中葉と考えられ、横地氏が遠江国内で活動を始めるのは寛正《かんしょう》六年（一四六五）頃とする年代とほぼ合致する。

平安時代末以来、横地氏は横地の谷に本拠を構え、さまざまな装置を展開させてきた。そして一五世紀中頃になって始めて山城を持つに至ったのである。現地には堀切《ほりきり》・切り岸・竪堀《たてぼり》・土塁《どるい》を組み合わせ、複雑な虎口《こぐち》（郭《くるわ》の門にあたる施設）を持たない構造の縄張りが、三つの山頂それぞれに普請《ふしん》され、いまにその遺構をよく留めている。山頂には広い空間がないことから、日常は麓にあった旧来の空間が維持されていたと考えられる。まさに要害が旧来の本拠の空間に付加される形で普請されたのだった。

蛇足ではあるが、横地城は文明八年に落城し、その後、使用された形跡はない。したがって存続期間はおおよそ三〇年間に絞られる。築城から廃城までが一五世紀後半に収まり、一五世紀後半の姿を今に留めていることになる。各地の城館が一六世紀に使用が本格化し山城が改変されることを踏まえると、戦国山城の発生期の遺構としても貴重といえる。

勝間田城

勝田庄は静岡県牧之原市榛原《はいばら》町を流れる勝間田川流域に展開した荘園で、荘域は榛原町から一部相良《さがら》町にもかかり、南を相良庄に接している。領家は青蓮院門跡《しょうれんいんもんぜき》であった。この荘園を基盤として活躍した武士として勝間田《かつまた》氏がいる。横地氏とならび在庁官人の出身とされ、鎌倉御家人として鎌倉幕府に参向し、室町時代は奉公衆に名を連ねている。横地氏と行動を常に共にしていたことは特徴的である。この勝間田氏の拠点城館が勝間田城とされている。

一九八五年以来、榛原町教育委員会による発掘調査・整備が行われ、静岡県内でも著名な中世城館となっている。調査の結果、中国磁器では青磁碗及び皿、白磁皿・染付碗及び皿、国産陶器は古瀬戸製品の擂鉢《すりばち》、皿、天目茶碗や志土呂《しどろ》製品が出土した。概して一五世紀後半の使用が確認され、文明八年（一四七六）に落城したという通説に合致する結果が得られている。

しかし、勝間田城が機能した年代は、勝間田氏が活躍する年代と比べた際、極めて一時期にしか該当しない。鎌倉時代以来の活用が認められる横地氏の本拠の状況と比較すると著しい相違がある。また勝間田城の山麓には居館の痕跡を見出すことができなかった。つまり、勝間田城は勝間田氏の要害ではあるものの、地域支配の拠点は要害周辺とは場所を異にする地に構えられていたことを示している。

勝間田氏の本拠

勝間田氏の居館の地はどこであるか。まだ具体的な考古学的資料をもって確認されていない。ところが一つのキーワードが見つかった。「中」の地名である。この地名は笠原庄のほか相良庄でも東遠江では荘園の政治的中心地であることを確認されている。荘園の空間構造を示す重要な地名である。この「中」地名が勝間田《かつまた》庄でも勝間田川中流に存在した。

「中」周辺には中村の条里制遺跡（町指定遺跡）があり、勝間田川の上流側より堤坪・一の坪・二の坪などと小字が並び、下流側では長興寺《ちょうこうじ》の南の付近が一一の坪となっている。開発の古さを物語っている。

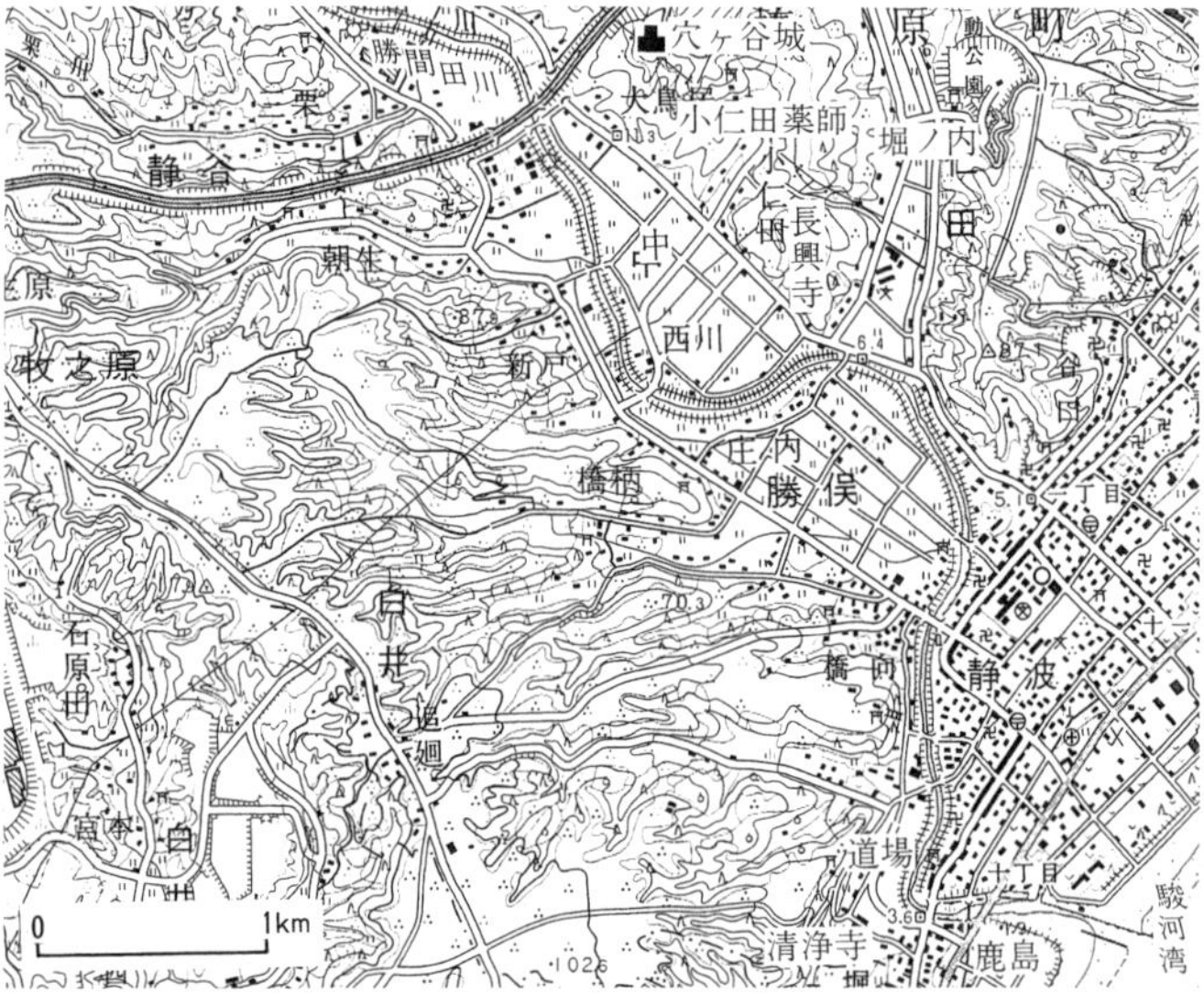

図22　勝田庄中周辺図

国土地理院発行５万分の１地形図「掛川」に加筆して，作成．

穴ケ谷城の東側に大きく切れ込む支谷があり，この中程に領主の屋敷地を示す地名「堀ノ内」の小字が残る．堀ノ内背後の山は穴ケ谷城の山塊であり，背後の尾根は同城が正面とする東側の尾根に連なっている．立地から考えて勝間田氏が関連する屋敷である可能性は高い．また「中」の小仁田には瑠璃光薬師が伝わる．勝間田氏が祈願所として医王山密厳院を建立した時にこの地に安置されたという．また道場の小字も残る．勝間田氏と時宗の関連は深く，屋敷の近くに時宗寺院があった可能性は高い．

図23　勝田庄中と穴ケ谷城

勝間田川中流に「中」に勝間田氏築城の伝承を持つ穴ケ谷城がある．大きな郭取りと周囲を堀切で区画する構造が特徴的な山城である．現在，郭の面が茶畑となっており，郭間の連絡が不明確であるが，概括的には二つの大きな郭輪から成り立っている．両郭から派生する尾根に，堀切とそれに繋がる竪堀を普請する．15～16世紀の城館と考えて間違いない．

また「中」の北側の山塊には、勝間田氏築城の伝承を持つ穴ヶ谷《あながや》城がある。大きな郭《くるわ》取《ど》りと周囲を堀切で区画する構造が特徴的な山城である。現在は郭の面が茶畑となっており、郭間の連絡が明確ではないが、概括的には二つの大きな郭で構成されている。両郭から派生する尾根に、堀切とそれに繋がる竪堀が普請されている。城館の東側が正面であったらしく、東に延びる尾根には堀切が二本ほど普請され、道筋が付けられている。伝承のとおり勝間田氏の築城であるかは不明とせざるをえないが、一五〜一六世紀の城館と考えて間違いないであろう。

穴ヶ谷城の東側に山麓は大きく切れ込む支谷がある。この谷の中程、白岩浅間神社の正面には「堀ノ内」の小字が残る。立地から考えて勝間田氏が関連する居館である可能性が高い。

「中」の小仁田には瑠璃光薬師《るりこうやくし》が伝わる。従前は近隣の長興寺末の医王山成安寺という寺院であったが、現在は中村小仁田《こにた》薬師として知られている。この薬師如来は高野山領初倉庄が成立した際にもたらされたが、勝間田氏が祈願所として医王山密厳院《みつごんいん》を建立した時にこの地に安置したと「薬師如来縁起」には記載される。勝間田氏に関わる寺院が存在したことになる。加えて薬師は現世利益の仏であり、この仏と勝間田氏が関連することは実に重要である。また付近には大門・馬道などの地名が残る。この密厳院に関連するものであろうか。

また地名では道場の小字も残る。『榛原町の地名』（榛原町教育委員会一九九四）は「仁田村との境の山の中段に面積約五畝ほどの平地あり。道場とよぶ。時衆の徒が集まって阿弥陀像を安置し、名号を唱えたところであろう。（中略）（現在は東名道路敷となりその場所は全く消滅する）」と紹介している。この記述は勝間田蓮昭《れんしょう》と他阿《たあ》真教《しんきょう》との関係を踏まえたものである。両氏の関係については『夫木和歌抄《ふぼくわかしょう》』・『他阿上人法語』・他阿真教書状などにみることができる。勝間田氏の屋敷のほど近くに時宗寺院があったことは、まず間違いない。

また「中」に所在する中世石塔のうち、栗原家裏山墓地にある「観阿弥陀仏　正和元年壬子七月廿九日」銘宝篋印塔《ほうきょういんとう》の基礎が古くから注目を浴びている。法号および先の道場の小字から、時宗に関連する石塔であることは間違いない。年代的にも興味深い。この石塔を調査した桃崎祐輔は、小型だが現時点での遠江《とおとうみ》地域で在銘最古の宝篋印塔であると指摘し、その上で「中地区は勝間田川の東岸の台地縁の谷部に位置し、付近に鎌倉期の勝間田氏居館があるものと想像される」と述べている（静岡県菊川町教育委員会二〇〇〇）。

調査の視角は異なりながらも、結論が同じ方向性に向いている事実は看過できない。時宗寺院および「観阿弥陀仏　正和元年壬子七月廿九日」銘宝篋印塔は勝間田氏の極楽往生に関する装置がこの「中」周辺に設けられていたことを示唆する。仮説の段階ではあるが、この「中」の地は勝田庄の政治的中心地であり、隣接する「堀ノ内」周辺には勝間田氏の居館が構えられていた可能性が高いことになる。

勝間田氏の要害

勝間田氏の本拠地は「中」にあった。屋敷はおそらく「堀ノ内」に。そしてその周辺には極楽往生と現世利益の装置が備わっていた。穴ヶ谷城の位置づけは正確には今後に委ねなければならないが、本拠の空間に設けられた要害という装置であったかもしれない。

しかし、仮に穴ヶ谷城が本拠の要害であったとしても、勝間田氏はより堅固な要害を欲した。それが勝間田城であった。その年代は落城した文明八年（一四七六）を末とした一五世紀後半であった。そしてこの要害は勝間田氏の本拠であった「中」から、勝間田川の上流に向けて直線距離で北へおよそ六キロほど隔たった地点にあった。

周辺の様相

沿岸の荘園笠原庄

横地《よこち》氏の故地から菊《きく》川を下ると川は遠州灘に注ぐ。その直前、菊川の下流域に、浜に沿って荘域を広げるのが笠原庄《かさはらのしょう》である。河口付近には浜野浦という港があり、戦国期には今川水軍の拠点でもあった。この荘園には、平《たいらの》清盛《きよもり》の嫡男平重盛《しげもり》・甲斐《かい》源氏の一条忠頼《いちじょうただより》・佐原義連ほか三浦氏一族・安達泰盛《あだちやすもり》ほか安達一族、名和長年《なわながとし》・北畠親房《きたばたけちかふさ》などが名を連ねている。それだけに笠原庄の重要性が窺えるのであるが、その点を河口部の港と太平洋海運と重ね合わせるのは無理のない想定であろう。

この浜野浦から菊川をややさかのぼった地点に、大字で「中《なか》」という地名がある。

「中」には「公文《くもん》」・「政所《まんどころ》」・「紋誅所《もんちゅうじょ》」という小字が伝えられる。また南東方向の下小笠川沿いの東大坂には「市場」という小字も残る。「紋誅所」は問注所と関連するであろうから、公文・政所・問注所といったいかにも中世的な機関が「中」に存在したことを示唆している。

「中」には八坂《やさか》神社が建立されている。古くは牛頭天王《ごずてんのう》と呼ばれ、明治になって八坂神社に改称されたという。同社では山車《だし》の巡行による祇園《ぎおん》祭りが挙行されており、京都の祇園祭りとの関連が指摘されている。静岡県無形民俗文化財に指定されている祭礼である。

同社の由緒《ゆいしょ》によると「創立は応徳二年（一〇八五）六月にして中村之郷公文字青谷に奉祀せり、然るに該所は平坦の位置にして洪水の際は亀惣川の水溢れて境内に往々水中に入ることあるを以て、さらに天正十四丙戌年六月勧請現境内に遷宮す」とある。当初は中の北側にあたる青谷《あおや》にあり、その後に現在地に移転したとする。この青谷には現在も祭礼の際には御旅所が設けられている。

地名から市場を外縁部に持つ荘園機関の集中地としての「中」の景観が予想される。この地には都市に関連する八坂神社が建立され、祭礼が挙行される。祭礼の運営には中世的な地名を継承する地域が参画する。このことは、「中」が笠原庄の政治的な中心地であっ

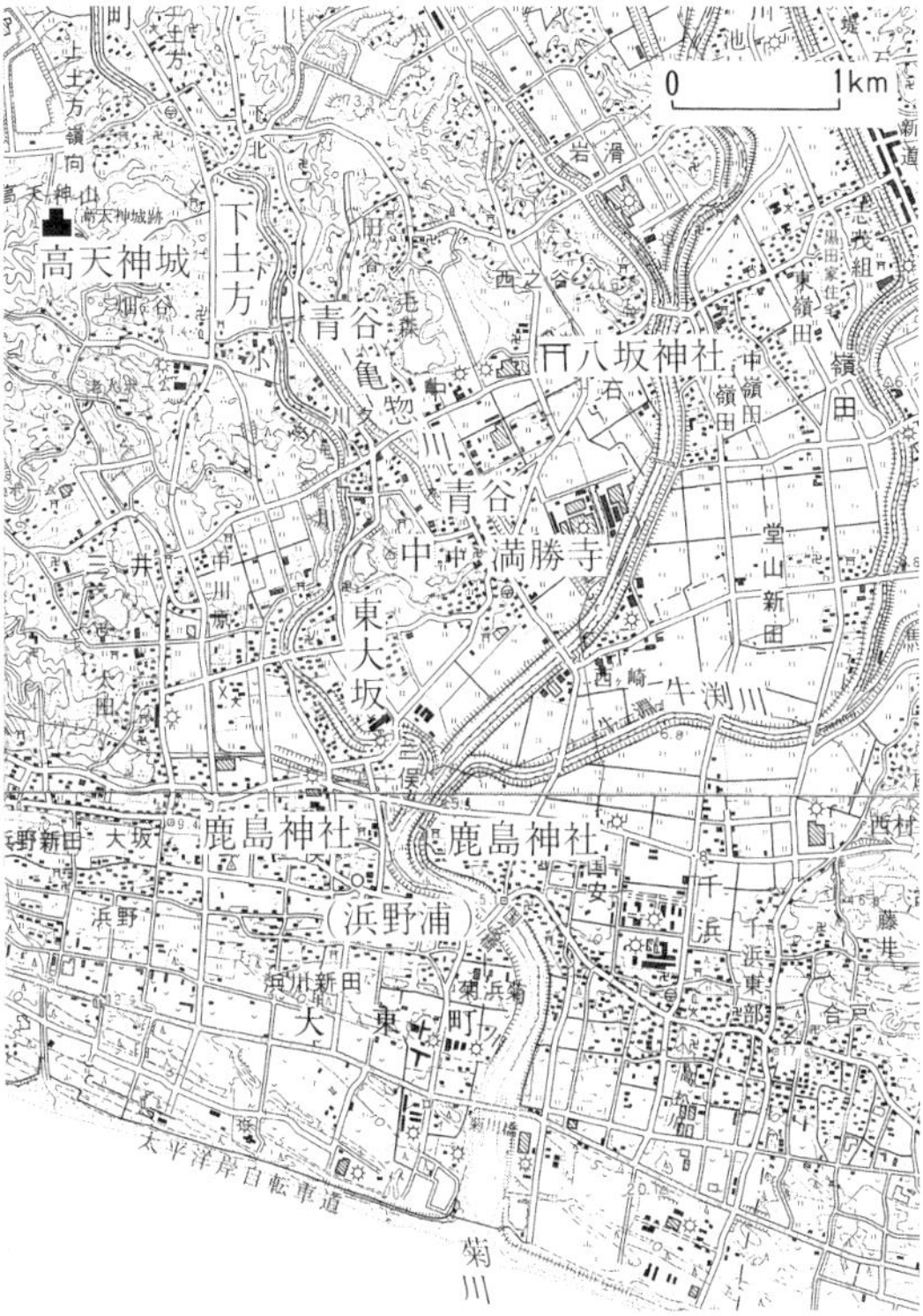

図24　笠原庄と高天神城関係図

国土地理院発行５万分の１地形図「掛川」に加筆して，作成．

徳川家康と武田勝頼の争奪の場として著名な高天神城であるが，築城の起源は応永23年（1416）とされていた．しかし現在では永正10年（1513）以前に今川氏親家臣福島助春の在城が初見とされている（大東町教育委員会1993）．近年に実施された発掘調査では瀬戸製品は大窯１製品以降が多い．貿易陶磁器では青磁雷文碗（歴博分類Ｃ類）が出土するほか，青磁直口碗（歴博文類Ｅ類）・白磁端反碗（歴博分類Ｃ群）・染付端反皿（歴博分類Ｂ１群）などの遺物が山上部より出土する．考古学的には文献史料の示す年代と同じか，もしくはやや古い15世紀後半には機能していた．この段階の政治的拠点は菊川河口に近い「中」であり，経済的拠点の一角は海辺の浜野浦であった．地域の拠点から離れて高天神城という要害が形成されたことになる．

たことを如実に語っている。

高天神城築城

東遠江の著名な城館の一つとして高天神《たかてんじん》城が挙げられよう。徳川家康《とくがわいえやす》と武田勝頼《たけだかつより》の争奪した山城《やまじろ》としてとみに著名である。この高天神城は笠原庄の外縁部に位置し、「中」からやや離れた位置にあった。

この城館の築城の起源は通説では応永《おうえい》二三年（一四一六）とされていた。しかし近年では永正《えいしょう》一〇年（一五一三）以前に今川氏親家臣福島助春が在城していたとする文献資料を初見とする。

また実施された発掘調査では数多くの遺物が出土しており、考古学的にも年代的な様相が語れるようになった。国産陶器は瀬戸製品（大窯《おおがま》期）が多数出土する。中国磁器は青磁碗、白磁碗、染付皿などの遺物が山上部より出土している。これらの出土遺物は文献資料の示す年代と同じか、もしくはやや古い一五世紀後半（おそらくは第四四半期）に高天神城が機能し始めたことを語っている。

注意したいことは、高天神城が築城された頃の政治的拠点は「中」であったことであり、経済的拠点の一角は浜野浦であったことである。地域の拠点から離れて高天神城という要害が築城されたことになる。既に述べたようには、前代以来の居館を放棄して要害を築城して移転することはなく、従前の居館を中心とした空間を維持しつつ、隔たった要害堅固な自然地形の場を求めて要害を築き、本拠に新たな機能を付加する。このような空間構成が一五世紀後半のあり方と考えている。高天神城の場合、その築城者を明らかに出来ないが、高天神城は笠原庄の広がりの中で浜野浦と「中」に対応する要害に位置づけることができる。個別具体的な地域支配の枠組みにどのように位置付くか、残念ながら明らかにできないが、広い意味で高天神城築城も一五世紀後半の地域の領主による築城という動向のなかで評価できる山城なのである。

海に面し、一本の河川を中心とした大きく広い谷に展開した荘園。笠原庄・勝田庄の景観を簡単に表現すると、以下のようになるであろうか。中心河川の河口部には湊《みなと》がある。湊からやや遡った場所には「中」地名、すなわち荘園の政治的中心地がある。その中には「政所」「公文」「田所」といった荘官が存在した痕跡をとどめていた。地頭はこの中心地に近い場所に拠点を構えていた。政治的中心地と湊の経済的機能を空間的に分離させ、両者を河川で結ぶという空間構成を示していた。この二極の構造を前提とし、一五世紀後半には両者を結ぶ河川の、より上流の地に要害＝山城が出現したのである。

河村庄西方

横地城の北方に広がる河村庄《かわむらのしょう》は寛治《かんじ》四年（一〇九〇）に白河《しらかわ》上皇が賀茂《かも》御祖社《みおやしゃ》（上賀茂神社）に寄進した荘園で、その後、松尾《まつお》社・新日吉《いまひえ》社が荘園領主として見えている。『吾妻鏡《あずまかがみ》』の建久《けんきゅう》二年（一一九一）一二月二三日条には、河村庄の開発領主と推定される「三郎高秀」が当庄を北条時政《ほうじょうときまさ》に寄進している。河村庄の領有は複雑な様相を呈していた。

正応《しょうおう》二年（一二八九）七月九日関東下知状写《げちじょううつし》（『静岡県史』一・一四四七）には対応する「遠江国河村庄東方」の文言《もんごん》が見えている。このように対応する東方が一三世紀後半に確認されることから、「西方」も同じ時期には呼称として存在していたと考えられる。おそらく「下地中分《したじちゅうぶん》」が行われて、「東方」と「西方」の名称が発生し、「東方」が地頭《じとう》方に「西方」が領家《りょうけ》方に分けられることになったのであろう。現在も大字で西方が残る。まさに河村庄西方に由来する地名である。

また、領家が支配する西方には公文が置かれたらしい。その存在を明示する文献資料はまだ得られていないものの「公文名」の地名が残っており、存在を示唆している。

堀田城

この大字西方の地にある山城は堀田《ほった》城という。この城の詳細は必ずしも明らかになっていない。松下嘉兵衛の城であるとか、永禄《えいろく》一一年（一五六

図25　遠江国河村庄西方周辺図

国土地理院発行1：25,000地形図「掛川」に加筆し，作成．

河村庄は寛治4年（1090）に白河上皇が賀茂御祖社に寄進した荘園で，その後，松尾社・新日吉社が荘園領主となっている．『吾妻鏡』の建久2年（1191）12月23日条には，河村庄の開発領主と推定される「三郎高秀」が北条時政に河村庄を寄進していることが見える．河村庄の領有は複雑な様相を呈していた．おそらくこの関係を整理して「下地中分」が行われ，地頭方の「東方」と領家方の「西方」が成立したのであろう．また，西方には公文が置かれたようで，西方には「公文名」の地名も残る．

その庄域内にある堀田城の詳細は必ずしも明らかになっていない．松下嘉兵衛の城であるとか，永禄11年（1568）の掛川城攻めの陣城，天正3年（1575）徳川軍による諏訪原城攻めの陣城などの説があったが，具体的な論証を経たものではなく，発掘調査による状況とも相違が見られる．

八）の掛川《かけがわ》城攻めの陣城、天正《てんしょう》三年（一五七五）徳川軍による諏訪《すわ》原城攻めの陣城などの説が存在するが、具体的な論証を経たものではない。

構造としては、全体的に明確な虎口がなく、城内の通路についても後代の道が存在する影響もあるが、判然としない。概して、構造から諏訪原城のような一六世紀後半の技巧的・規格的な縄張りとは異なっている。

近年、堀田城では発掘調査が断続的に実施されてきた。第二次調査では北尾根の先端部分を調査し、結論として「一五世紀から一六世紀の時期の遺構」と慎重に判断している。年代の根拠となった遺物は平場の北から東にかけて散乱して出土した古瀬戸（後Ⅳ新）の擂鉢《すりばち》であった。したがって堀田城は一五世紀後半期には機能していたことは間違いない。

堀田城と集落

注目したいのは、主郭中央部にある堀切《ほりきり》に似た遺構である。この遺構は東北に向けて、尾根を切り開いた遺構であるが、南西側に対しては尾根を掘り切っていない。切り開かれた底面を歩いて東北側の斜面に出ると、道は斜面上を南北に二分される。このため同遺構は虎口と判断される。

このうち北に向かった道は主郭北側下で尾根を越える。その後、道は北に延びる尾根の西側斜面を尾根に沿うように下り、尾根の北端部分で麓に降りる。

山城全域で虎口がない状況であるが、主郭という最重要部分にのみ構造のわかる明確な虎口が確認されること。そして、指摘した虎口から外に向かう道筋が北に延びていること。この二点は堀田城の構造を考える上で極めて重要な点である。つまり主郭内虎口から北尾根に沿って下る道が堀田城の正面の登城路＝大手道であったことを示しているからである。同時に、堀田城が関連する城下集落はこの方面にあったことを示唆することになる。

従前の堀田城についての理解は所在地の堀田という地名と関連して東向きを正面とし、東側山麓に居館を想定し、東側の南北方向の谷に城下集落が展開すると考えていた。

しかしこの想定については、近年の調査から疑義が出されていた。そして先に触れた城館の通路についての検討でも、城内の通路は北側に向かって降りていた。結果的に城館や城下集落は山麓説とは異なる場所を考えなくてはならないことになる。では堀田城を支える城下集落はどの位置に想定されるべきであろうか。

まず第一に想定されるのは堀田城北山麓の谷を西に一～二キロほど奥に入った地点である。付近には「中《なか》」・「御所ノ谷」の小字がある。「中」に示されるように、この付近は西方の中心地を示す可能性がある。また御所を冠する小字「御所ノ谷」が隣接することは関連を窺わせる。次に堀田城より北へ一キロほど隔たった小字「馬場」の地点である。あるいはこの小字の場所は付近に所在する神社にともなう地名かもしれない。そして、北方三キロ余の場所には「公文名」の地名がある。河村庄西方の公文に関わる地名と考えて間違いない。

堀田城と関連する集落として以上の三箇所がまず挙げられる。これらいずれもが河村庄西方内であり、西方の中心的な場所であった可能性が高い場所となる。中心地の変遷なども想定しなければならないが、これらの地が堀田城と関連していたことは間違いなかろう。どの地であったとしても、大手の方向は西方の中心地に向かっていた。

以上のような要点を踏まえるならば、堀田城は一五世紀後半頃、西方を所領とする領主層によって築かれた、「西方」の要害という機能が浮かび上がってくる。

要害誕生の背景

戦国時代初頭の東遠江国

横地《よこち》城・高天神《たかてんじん》城・勝間田《かつまた》城・堀田城など意図的に遠江《とおとうみ》国東部の事例を確認してきた。これらの山城《やまじろ》はことごとく一五世紀中頃から後半にかけて築城されていたのだった。

ところで、見落としてはならないことがある。一五世紀後半の政治情勢である。この時代の東遠江は実に混迷を深めた様相を呈していた。

嘉吉《かきつ》元年（一四四一）、今川貞秋《いまがわさだあき》が遠江国を横領《おうりょう》したため、京都から派遣された守護《しゅご》斯波《ば》氏の軍勢に敗れるという事件があった。この時は今川方の蜂起は失敗に終わるが、続く長禄《ちょうろく》三年（一四五九）には守護斯波義敏《よしとし》の失脚の間隙をぬって、今川範将《のりまさ》の打ち入りは遠江国内の井伊《いい》氏・原氏の支持を受け、一定の成果を得る。

　これ以後、遠江国内では今川派と守護斯波派で主導権争いがあったと思われる。寛正《かんしょう》六年には今川範将所領が御料所《ごりょうしょ》化される事態が起きる。守護より協力を要請された狩野《かのう》七郎右衛門尉は反旗を翻し、これを横地・勝間田両氏が追討にあたっている。狩野氏は今川派であったのだろう。

　応仁《おうにん》の乱が勃発すると遠江《とおとうみ》国内も影響を受ける。東軍駿河《するが》守護今川義忠《よしただ》は将軍義政《よしまさ》の命を受け、文明《ぶんめい》五年（一四七三）に西軍拠点の三河《みかわ》国を攻めることになる。ところが義忠は途中遠江国で意に背き勝手に侵攻を開始してしまい、事態は混迷を深める。今川義忠に対して当該地の領主であった横地・勝間田両氏は防戦を努めるが、結果的に両氏ともに滅亡。また義忠も帰路、塩買坂《しおかいざか》で落命する。

　遠江今川氏と駿河今川氏は一体ではないが、一五世紀後半の東遠江は大きな図式では今川氏と守護斯波氏の争いに挟まれる形勢にあった。

　このような政治情勢が背景にあり、社会が要害を必要とするようになったと見ることはできるであろう。

政治情勢が背後にあり、横地城・高天神城・勝間田城・堀田城などの山城はことごとく一五世紀中頃から後半にかけての年代で築城されていた。しかも対応する集落があるが、その集落は決して膝下《ひざもと》に根小屋集落のごとくに存在しているものではなく、やや距離を置いて存在していた。横地城は一番近い事例であるが、谷奥と谷の出口付近という関係。堀田城は対応する集落が確定しないが、膝下ではないことは間違いないだろう。勝間田城や高天神城はやや離れた位置に築かれていた。

一五世紀後半の本拠

これらの事例は、要害の取り立てが集落の移動をともなっていないかったことを示している。すでにさまざまな装置を備えた本拠である。その移転は容易ではなかったのであろう。そして日常的に戦乱が周囲に存在したわけでもなかったろう。日常とは隔絶した非日常という感覚があり、このように離れていても堅固な地に要害に付加する形をとったのだろう。

また従前の意識に基づけば、要害は存在してはならなかったものであった。真壁朝幹《まかべともも》の置文《おきぶみ》には「世上が平穏になったなら、この場所を元のようにでもしなさい」（『真壁町史料』三五）と担保の文言を書き記した背後には一時的な存在で終わることを期待された認識の存在が考えられる。一時的なもののために集落全体を動かすことなどあり得ないことだったかもしれない。しかし時代は町場を移転させ、城下町を成立させる方向へと進んでいく。

一五世紀後半の社会では、従前の集落を存続させ、新規に要害を付加する形で、両者は一体で成り立っていた。戦国時代初頭の本拠の様相はこのようになっていたのである。

中世武士の本拠――エピローグ

武家の本拠モデル

西を奥とする東西方向の谷がある。その谷底には河川が流れる。谷奥には溜池《ためいけ》がある場合もある。

谷の北側斜面に並ぶ武士の屋敷や阿弥陀堂《あみだ》。武士の屋敷は溝や堀を廻らし、支配の象徴として存在していた。近くには馬場や的場《まとば》があった。谷にある武士の屋敷は惣領《そうりよう》だけではなかった。庶子《しよし》の屋敷であろうか、それとも従者の屋敷であろうか、谷の中に複数の屋敷ブロックが存在することもある。

極楽往生の装置としての阿弥陀堂には前面に浄土庭園がある場合があった。また周辺に墓地もあったであろう。

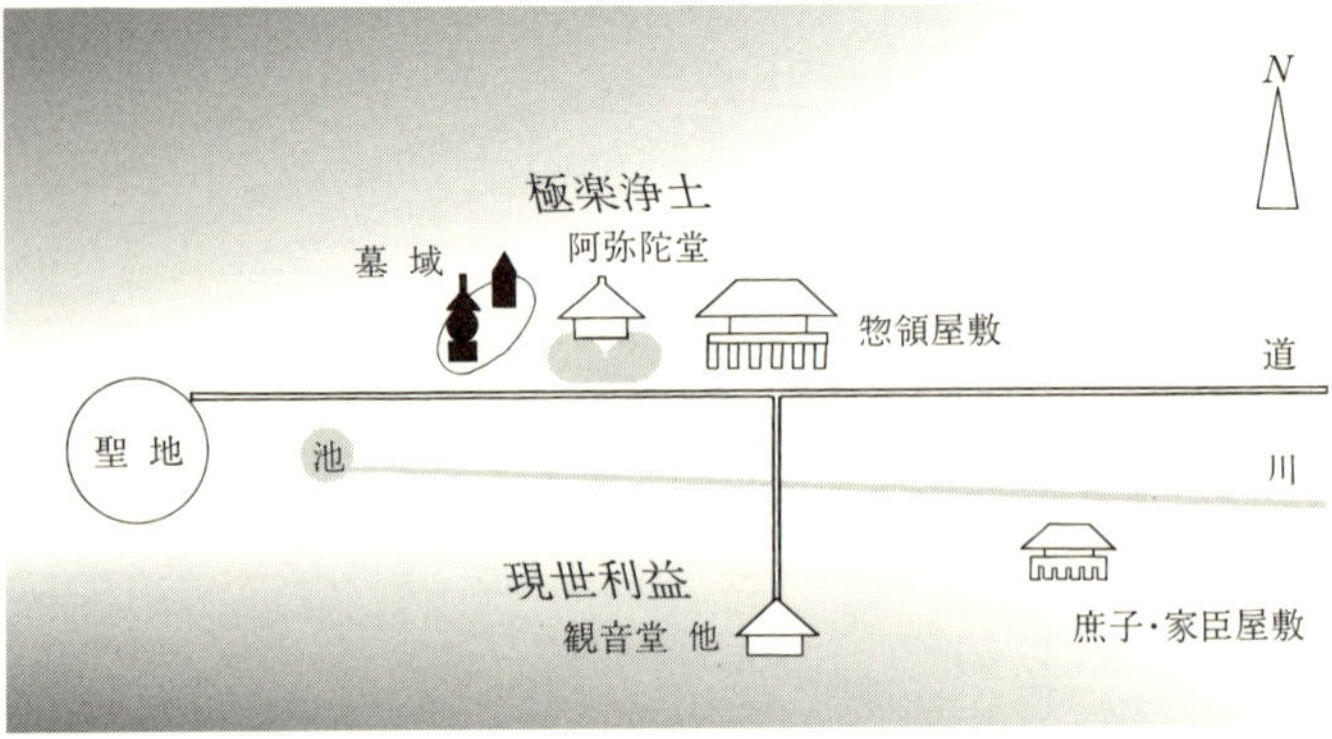

図26　武士の本拠モデル

阿弥陀堂と武士の屋敷その前面の谷底には東西の道路が普請《ふしん》されていた。道路と河は並行していたであろう。西の谷奥には堂などの聖地がある場合もある。

空間の一角には現世利益《げんぜりやく》の装置もあった。観音《かんのん》を祀る霊場。熊野《くまの》神社。氏神《うじがみ》。『大般若波羅蜜多経《だいはんにゃはらみったきょう》』を備える寺社などなど。

これらの寺社は谷の西奥に象徴的に配置され、聖地と重なることもあった。

無論、すべてがこのモデルにきっちりと当てはまるというわけにはいかないだろう。地形的制約からイレギュラーが当然の事ながら起きたであろう。例えば、東を奥とする横地の谷は谷奥を聖地とする地理的な条件を欠いている。平泉《ひらいずみ》では先行する中尊《ちゅうそん》寺《じ》が東西の軸とは組み合わせられない場所に存在する。モデルに合わない事象も当然ながら存在したと思われる。しかしこれらも武家の本拠モデルの多様性で捉えられるのではなかろうか。

一三世紀から一五世紀前半という時期。安穏《あんのん》を模索した当時の武士は、自らの所領を支配するにあたって、このような本拠のイメージを描いていたのではなかろうか。

相模国衣笠と三浦氏

源《みなもとの》頼朝《よりとも》が挙兵した直後の治承《じしょう》四年（一一八〇）八月二六日、畠山重忠《はたけやましげただ》ら秩父《ちちぶ》平氏の軍勢が、相模《さがみ》国三浦《みうら》一族の本拠地衣笠《きぬがさ》（神奈川県横須賀市）を攻めようとしていた。この風聞を受けた様子を『吾妻鏡《あずまかがみ》』は記している。

今日卯の剋、このこと三浦に風聞の間、一族悉《ことごと》くもって当所衣笠城に引き籠もる、各は陣を張る、東木戸口大手は次郎義澄・十郎義連、西木戸は和田太郎義盛・金田大夫頼次、中陣は長江太郎義景・大多和三郎義久等也。

詳しく状況がつかめる叙述とは言えないが、衣笠城の様子が記録されている。注目しておきたいことは衣笠城と明示されていること。山城であるとは読めないこと。陣は東西を両端として中陣の三つの陣が引かれている点である。

そして、三浦一族は衣笠城を守ること適《かな》わずして、三浦義明一人を残して、脱出する。

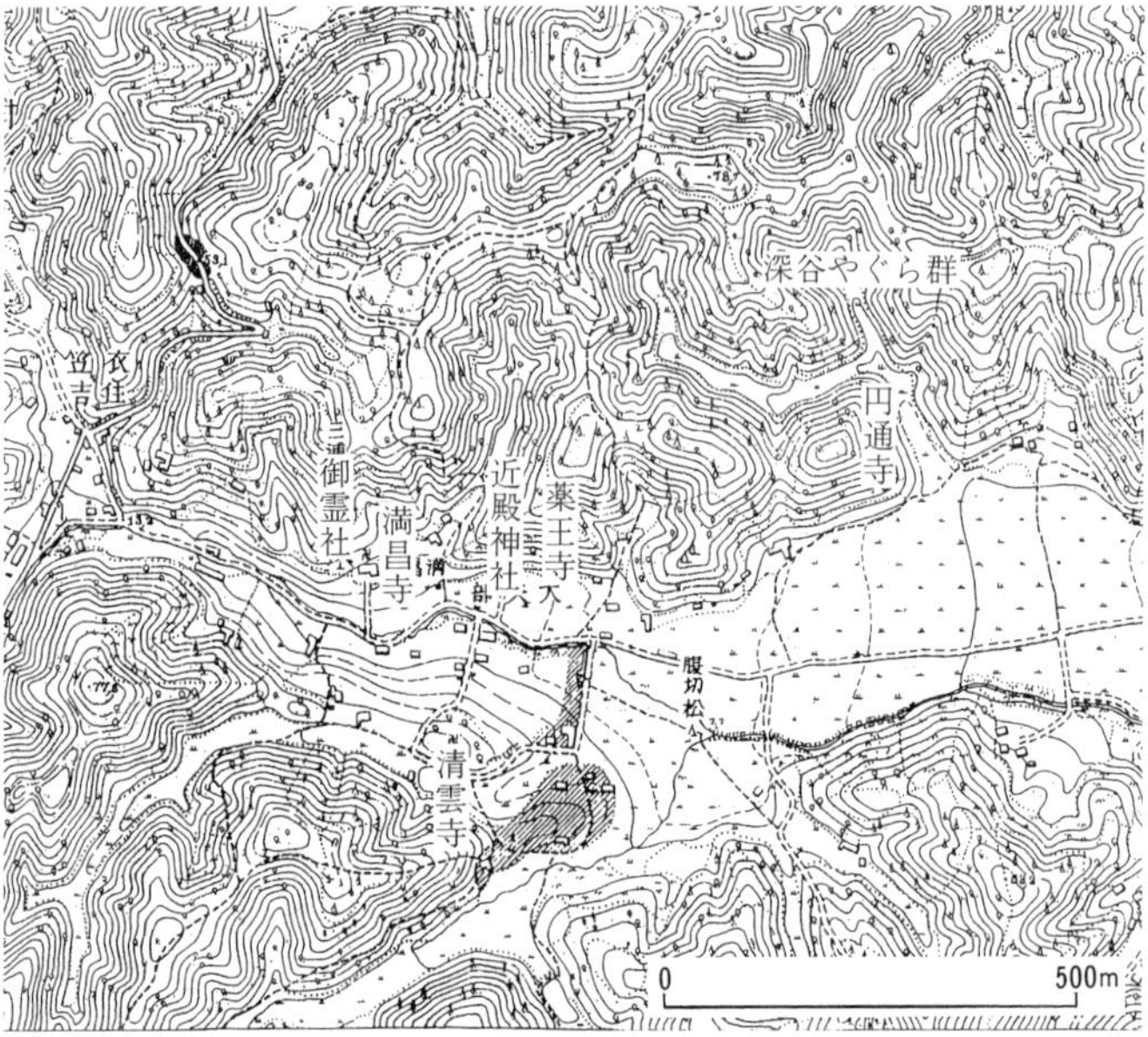

1万分の1地形図「衣笠」に加筆し，作成.

図27　衣笠周辺図　明治28年測量

この時の衣笠城は現在、「衣笠城址碑」の石碑が建つ山とされている。ところが現地に山城を語る遺構を見出すことはできない。岩盤の露出や山頂部の緩やかな広場は城跡であったことを疑わせる。山頂にある物見岩の一角から、大正八年（一九一九）に青銅製経筒・青白磁合子《せいはくじごうす》・青白磁唐古人形水滴《からこにんぎようすいてき》・草花蝶鳥鏡・火打鎌《ひうちがま》・刀が出土した。この遺構は三浦一族が造営した経塚と考えられている。またほど近くには金峯山蔵王権現《きんぷさんざおうごんげん》や不動堂があった。これらから衣笠山は山岳信仰の霊地であると石井進（石井一九八七）・中澤克昭

（中澤一九九九）は指摘した。ところで、衣笠城が存在した同時期、鎌倉には「鎌倉城」が存在していたことになっている。単純比較をしてみて、衣笠城は山城に比定されているが、鎌倉にはそれに該当する山城がない。この比較からしても簡単に衣笠城を山城としたことは思い込みが考えられよう。衣笠城は山城であるとする理解は、捨象する必要がある。

目を転じて衣笠山の東山麓、大矢部の付近を見てみたい。衣笠山の入口近くに満昌寺《まんしょうじ》がある。東西の谷の北側斜面に寺は立地する。同寺には木造三浦義明《よしあき》坐像（国重文・鎌倉時代）がある。義明像は本堂背後の御霊《ごりょう》神社に祀られる。同社は『新編相模風土記稿《ふどきこう》』によれば建暦《けんりゃく》二年（一二一二）に和田義盛《わだよしもり》が創建したとされる。背後には奥院に見立てた三浦義明墓と伝えられる石塔がある。三浦義明の霊を弔《とむら》うために御霊神社が建立され、そこには木像が祀られる。非業《ひごう》の霊を鎮魂する作法であるが、通常、その地は由緒《ゆいしょ》の地である。

満昌寺の東側には、同寺と同じように北側斜面を背負うように、近殿神社《ちかたじんじゃ》・薬王寺《やくおうじ》跡が並ぶ。近殿神社は三浦義村《よしむら》が祭神とされ、薬王寺は三浦義澄《よしずみ》墓といわれる石塔がある。あたかも三浦家惣領が北側斜面に居並んだように寺社が建ち並ぶ。反対側の南側斜面には三浦家の墓塔と伝える凝灰岩《ぎょうかいがん》製および安山岩《あんざんがん》製の石塔を安置する清雲寺《せいうんじ》がある。同時に安

図28　『新編相模風土記』所収「三浦氏古墳図」

置される石塔は以前には滝見観音を本尊とした円通寺《えんつうじ》の山腹の岩窟（やぐら）にあった。その様子は『新編相模風土記稿』に図が記載される。

石井進は「大矢部村の付近こそが初期の三浦氏の本家の居館が存在していた場所にちがいない」と指摘する。満昌寺・近殿神社・薬王寺は屋敷であった場所が寺社に転じたと推測できる。清雲寺・円通寺は極楽往生・現世利益の装置の寺院に解せる。『吾妻鏡』に記載した「東木戸口大手」「西木戸」はこの谷地形を踏まえたものではないだろうか。さらに衣笠山は西方浄土に見立てた霊地と言える。

衣笠にも武家の本拠のモデルは当てはまる。

鎌倉との共通性

さらに踏み込んで、鎌倉の場合はどうであろうか。

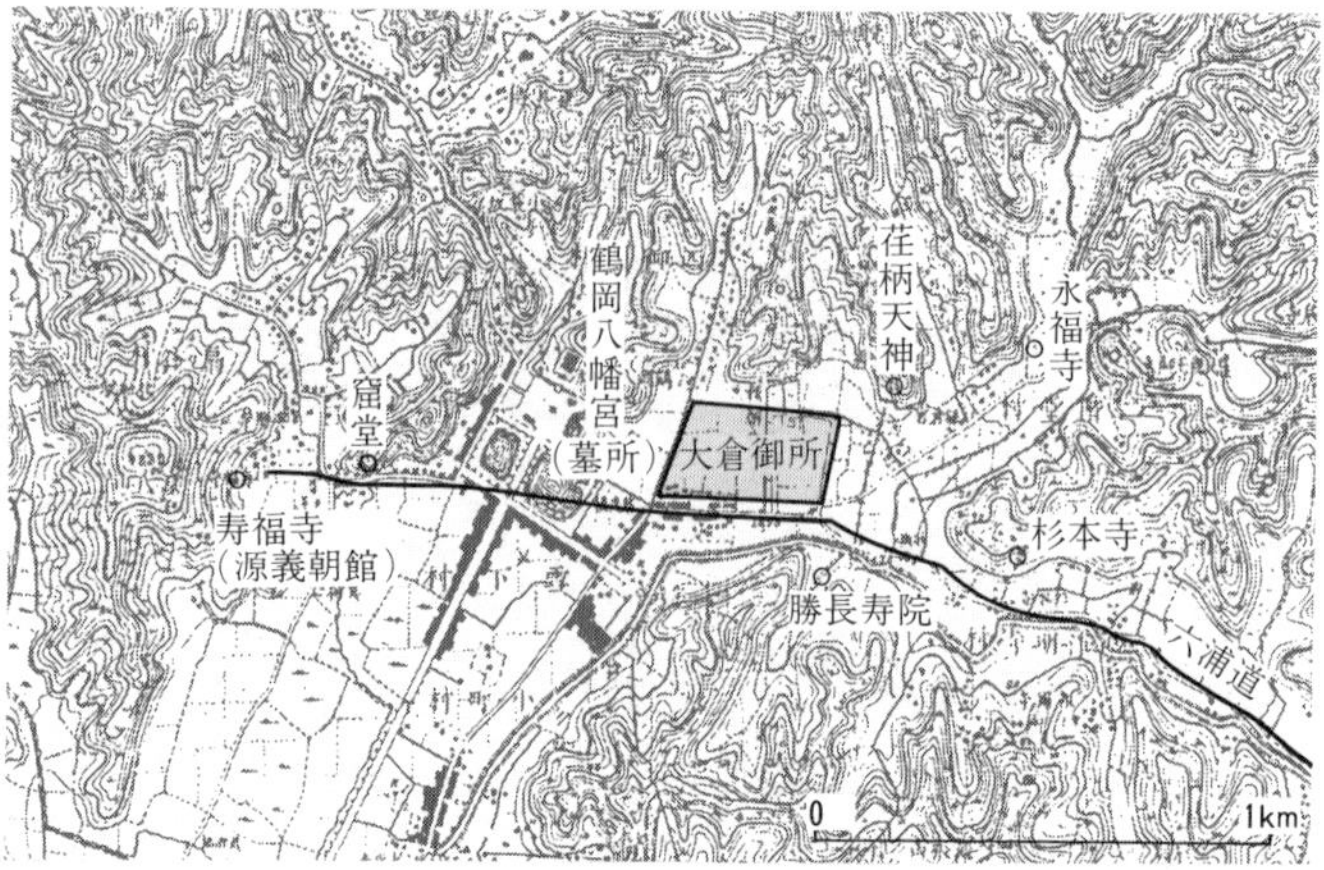

図29　源頼朝期の鎌倉

明治15年測量２万分の１地形図「雪下村」に加筆し，作成．

鎌倉は鶴岡八幡宮《つるがおかはちまんぐう》を中心とした都市設計で理解されているが、当初は異なっていたと指摘されている。

現在の寿福寺《じゅふくじ》の場所に頼朝の父源義朝《よしとも》の屋敷があったとされる。その場所から朝比《あさひ》奈《な》の切り通しを抜ける東西の六浦道《むつらみち》があった。六浦道沿いに窟堂《いわやどう》・荏柄天神《えがらてんじん》・坂東三十三所第一番の杉本寺《すぎもとでら》が並ぶ。これらは頼朝が大蔵《おおくら》に御所を構える以前から存在していた。また鶴岡八幡宮の地には源氏の墓地があったと指摘する研究者もいる。

この場所に頼朝は大蔵御所を構える。それ以後に新規の寺社がこの地域に造営される。大蔵御所の西には由比から鶴岡八幡宮を遷座させる。御所の南には父義朝を弔う

図30　永福寺現況

神奈川県鎌倉市二階堂にあった鎌倉初の寺号を持つ寺院．文治5年(1189)，奥州合戦に勝利した源頼朝が源義経・藤原泰衡らの怨霊を鎮めるために建立した．平泉の中尊寺にあった二階大堂（大長寿院）を模したため，中心となる仏堂は二階堂とも呼ばれた．この二階堂と前面の浄土庭園は発掘調査が実施され，全体像が把握されている．

勝長寿院《しょうちょうじゅいん》が建てられる。東には阿弥陀堂と薬師堂を持つ永福寺《ようふくじ》が建立される。そして鶴岡八幡宮・勝長寿院・永福寺には一切経《いっさいきょう》が奉納され、法会《ほうえ》が執り行われている。このことは頼朝が築いた幕府の国家的な権威を象徴的に示している。

この六浦道に沿って東西方向に諸施設が展開する構造は、まさに武家の本拠モデルに合致する。

大蔵御所にあった幕府は、北条政子《ほうじょうまさこ》の死後、鶴岡八幡宮南へと移転する。これにともない鎌倉の都市構造は六浦道という東西道に沿ったヨコ軸から、鶴岡八幡宮の若宮《わかみや》大路を主軸とするタテ軸への転換する。すでに若宮大路を普請した時から都市構造の転換の萌芽は想定されるが、幕府移転は都市構造の変化が本格化したことを意味する。

源頼朝段階では西の義朝屋敷跡付近を聖地と見なした東西ラインを意識した設計がなされていた。頼朝の鎌倉の構造は、他の東国武士の本拠と考え方の上では大差はない。

そしてさらに重視したい点は、九条兼実《くじょうかねざね》はこの六浦道沿いの頼朝の鎌倉を、「鎌倉城」と呼んだことである。

中世前期の「城」

さきに「衣笠城」について、衣笠山を聖地として東西の谷に展開した屋敷・寺社の総体を三浦氏の本拠地と見た。その空間に「東木戸口大手」「西木戸」も比定できるのではとも述べた。空間の条件は頼朝の鎌倉と一致する。鎌倉の事例にならうならば、谷を中心とした三浦氏本拠の地こそを「衣笠城」と考えることは支持されよう。

このように考えた場合、武家の本拠モデルの構造と「城」の呼称は密接に関連すると考えられないだろうか。

兼実が鎌倉を見たはずはないが、情報から何らかのイメージは抱いていたはずである。前提となる観念もあったはずである。それらに基づいて「城」と呼称したはずである。その判断のためのイメージは、提示したモデルであると説くのは我田引水であろうか。

平泉の都市設計

武家の本拠モデルとして平泉も考えられる。初代藤原清衡《きよひら》が造営した中尊寺を中心とした平泉の空間は、二代基衡《もとひら》の時代に大きな転換を迎えた。平泉の空間を考古学的に六期に分けて分析した羽柴直人は主張する（羽柴二〇〇一ほか）。

基衡時代の前半（一一三一〜一一四五を目安）に、都市がおおむね四〇〇尺、四〇丈を基準寸法として設計される。平泉の南辺に東西方向の直線道路が普請される。その東西道の北側に西から毛越寺《もうつうじ》・観自在王院《かんじざいおういん》・方形区画が配される。方形区画は藤原基衡の邸宅の可能性が指摘されている。

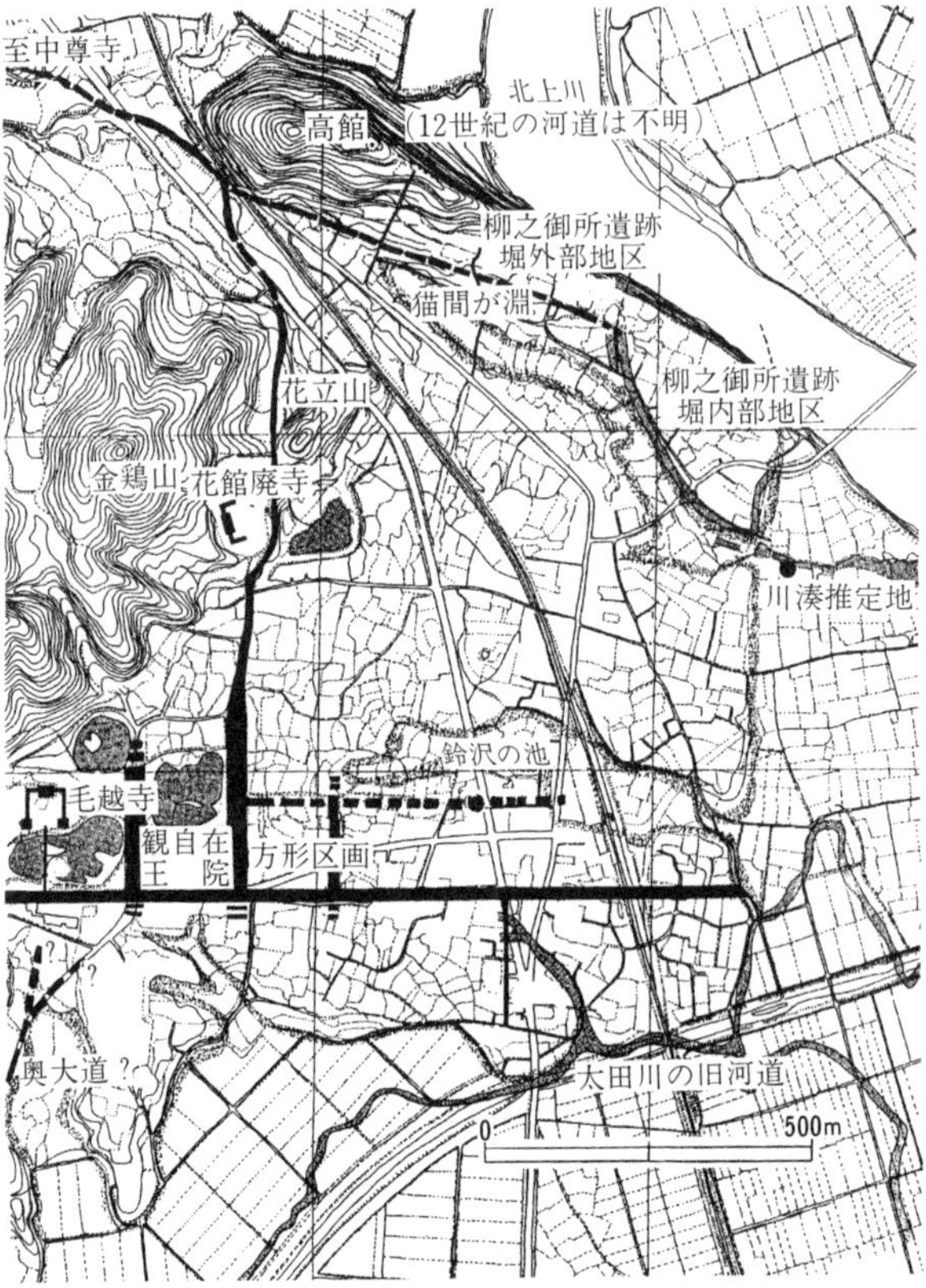

図31　藤原基衡期（前期）の平泉

中世都市研究９『政権都市』所載図に一部修正.
平泉は奥州藤原氏の本拠の地として著名であったが，発掘調査が実施され，空間の様相が明らかになり始めたのはごく最近である．現在は12世紀のなかでおおよそ６時期にわけて理解されている．１・２期が清衡，３・４期が二代基衡，５・６期に秀衡の段階とされ，６期には泰衡段階も含まれて理解されている．おおよそ，１時期が15年程度である．このうち３期が大きな画期であったと指摘されている．

この東西街区の設定について、羽柴は「大きな様相の変化」と呼ぶが、八重樫忠郎はさらに踏み込んで、東西道付近は中央への玄関口として、京都鳥羽《とば》を模して設定したと主張する（八重樫二〇〇五）。金鶏山《きんけいざん》を背後に背負い西を奥とする東西の道を中心とする空間。まさに武家の本拠モデルとの関連が指摘できるのではなかろうか。

そして注意しておきたい点は、平泉の東西道周辺の都市設計は京都鳥羽との関連で説かれていたことである。武士の本拠モデルの背景には京都で培われた都市設計の論理が影響を与えていたことになる。つまり京都で生まれた論理が平泉や鎌倉、そして衣笠など各地の武家の本拠にまで影響していたのである。結論に行き当たってみれば至極当然のことである。

白水阿弥陀堂の空間

福島県いわき市にある白水《しらみず》阿弥陀堂（国宝）は永暦《えいりやく》元年（一一六〇）に建立された阿弥陀堂で、中尊寺金色堂《こんじきどう》とならび東日本の阿弥陀信仰を語る重要な建築物である。この堂は藤原清衡の娘で岩城則道《いわきのりみち》の夫人であった徳姫が亡父の冥福を祈るために建立したとされている。その経歴から平泉の影響を受けたと説明されている。阿弥陀堂の前面には浄土庭園が復元されている。

さてこの阿弥陀堂と浄土庭園であるが、従前はそれのみで語られていた。しかし武家の

図32　白水阿弥陀堂

奥州藤原氏初代藤原清衡の徳姫が亡父岩城則道の菩提を弔うために，永暦元年（1160）に建立したと伝えられる．三間堂の阿弥陀堂は国宝に指定されている．堂内には阿弥陀三尊像と二天王の五軀（国指定重要文化財）が安置されている．背後には経塚山と称する山があり，文字通り経塚がある．

本拠モデルの中で考えることは可能であろうか。周辺では調査がなく確かなことは言い得ないが、地形的条件はまさにモデルにはまる。

ＪＲ常磐線内郷《うちごう》駅付近より西に向けて谷が切れ込む。白水阿弥陀堂はその谷の西奥に北面を背後にして営まれている。ちなみに背後の山は経塚山（七七・八メートル）という。白水阿弥陀堂付近は現在も荘厳な雰囲気を持つ空間が現出している。その空間の東側は小山を挟み、同規模の谷がかつては存在していた。現在は住宅開発が及んでいるが、岩城氏の屋敷を考えたい空間である。

岩城氏の屋敷はともかくも白水阿弥陀堂が東西方向の谷奥に北を背にして営まれていたことは、武家の本拠モデルをわずかながらでも伝えていると読むことができるのではなかろうか。

要害の誕生

武家の本拠が構えられた空間。その場は極楽往生と現世利益の装置が備わっていた。まさに地域の安穏を希求し、そして保証する空間でもあった。そして戦争を目的とする施設の設置を本来は忌避する認識があった。武士といえども軍事的な要塞を営んではいなかった。中世武士の本拠は地域において安穏を願う空間であった。そのような空間が一五世紀前半にまでいたる武家の本拠とする空間であった。

その空間に変化が訪れる。時代は戦国時代を告げる。時代と共に地域は要害を必要とした。軍事的な施設をもはや忌避することはできなくなり、地域を軍事的に保護する装置が必要になった。恒常的な要害の成立を許容せざるを得なくなる。本拠の空間に要害が付け加わることになる。時代は軍事（非日常）を日常とし、身構えることを要求したのだった。要害が必要と認識されるようになるのだった。

しかし、注意をしておきたい点がある。一五世紀中頃に築かれる要害は、距離の差はあるが、多くが既存の本拠から離れた位置にあった。この距離感は、安穏を希求し、保証する従来の本拠と、軍事的な装置としての要害とは、相容れないものだったことを語っているのかもしれない。両者が一体となった本拠の形成はこの後の時代にやってくる。

しかし、武家の本拠に設けられた極楽往生と現世利益の装置は戦国時代以降も失われることはなかった。

安穏の空間

先にも触れた坂東三十三所第二〇番の西明寺《さいみようじ》がまずその例証となる。同寺は戦国時代に益子《ましこ》氏が築いた本城西明寺城が築かれた山の南の尾根に立地する。入母屋《いりもや》造りの楼門は明応《めいおう》元年（一四九二）の建立。楼門の左に聳《そび》える三重塔は天文《てんぶん》七年（一五三八）の益子家宗寄進。正面の観音堂は増築があるものの室町時代の建立。観音堂内の本尊厨子《ずし》は応永年間（一三九四～一四二八）とされる。西明寺城が機能していた頃に境内が整備されていることが窺われる。三重塔にみられるように城主益子氏の存在は無視することはできない。観音菩薩が住む補陀落山がインドでは南方にあったとされる。岩殿《いわどの》の事例も南の方向に正法寺《しょうぼうじ》があったが、西明寺城における西明寺の存在はまさに南を意識しているかに思える。

東京都八王子市に由井《ゆい》城という山城がある。遺跡名称としては浄福寺《じょうふくじ》城で知られる。八王子は戦国時代北条氏一族の北条氏照《うじてる》が本拠地とした地であるが、北条氏以前に武蔵《むさし》国守護代《しゅごだい》大石氏の一族が領していた。その拠点が由井城である。氏照はこの大石氏の養子となり、由井城に入城し、領を継承したのだった。標高三五六・四㍍の千手山の山頂を主郭とする。細い尾根に堀切《ほりきり》と竪堀が普請され、東側に続く尾根には通路が設けられた山城である。

千手山の名は千手《せんじゅ》観音に由来する。その千手観音は由井城南麓にある浄福寺の仏像である。現在、千手観音と厨子は本堂内に収められているが、以前は観音堂内にあった。その観音堂は由井城主郭から南に延びた尾根の先端にある。厨子は室町時代の作とされ東京都有形指定文化財となっている。

図33　浄福寺千手観音厨子　東京都指定有形文化財

浄福寺は大永元年（1521）～同４年に創建されたと『新編武蔵風土記稿』に記載される．年代をほぼ同じくする大永５年の棟札の存在も知られる．写真の厨子もその年代と考えられている．厨子内には千手観音が安置される．浄福寺城の時代に浄福寺は創建されていたことになる．城の所在地は千手山と呼ばれ，この千手観音との関連が予想される．現在，浄福寺に安置される千手観音・厨子（都文化財）は以前はともに背後の山にある観音堂に安置されていた．

そもそも城名と関わる浄福寺は大永《だいえい》五年（一五二五）に大檀那大石道俊《どうしゅん》とその息子憲重《のりしげ》によって中興されたことが棟札《むなふだ》によって知られる。『新編武蔵風土記稿』にも浄福寺と大石氏の由緒が語られている。そして山号は千手山である。

浄福寺の千手観音は浄福寺城が機能していた時代には祀られていた。その場所は現在の観音堂の場所にあったと考えたいが、少なくとも浄福寺境内の一角にあったことは間違いないだろう。西明寺の事例と同じく、城の南に鎮座していた。

西国でも参考になる事例がある。広島県の清住寺《せいじゅうじ》に木造千手観音立像がある。作は古く一〇世紀頃とされる。寺伝によると延元《えんげん》元年（一三三六）に大江時親《おおえときちか》が安芸《あき》国吉田に入部したときには、郡山《こおりやま》城の東の峰の堂に安置されていたという。その後、毛利弘元《ひろもと》がこの観音像を守護本尊であるとして、城内満願寺《まんがんじ》境内に一宇を建立して祀ったという。元就《もとなり》の崇敬は厚く、出陣のたびに祈願したと伝わる。

これらの事例はいずれも戦国時代にあっても本拠地内に安穏を期待する装置が存在したことを語っている。

そして江戸城

都市江戸の寺院を語る上で忘れることのできない寺院として、浅草寺《せんそうじ》・増上寺《ぞうじょうじ》があることは論を俟たない。

浅草寺の歴史は古代にまで遡る。坂東三十三所の第一三番で、本尊（秘仏）は聖観音菩薩とされる。江戸城の北東の方向に所在する。

増上寺の創建は一四世紀で以前は武蔵国豊島郷貝塚にあったとされている。慶長《けいちょう》三年（一五九八）に現在の芝の地に移転。徳川秀忠《ひでただ》ほか将軍家の墓所も設けられ、徳川家と由緒深い寺院である。本尊は木造阿弥陀如来座像。寺院の所在は江戸城の南となる。

江戸城に先立って鎮座していた浅草寺を動かすことができないとした時、江戸城から浅草寺の方向を、九〇度ずらして南東と見立ててみたらどうなるであろうか。増上寺は西に位置することになる。観音菩薩が南、そして阿弥陀如来の西に鎮座することになる。付言すれば、東に鎮座すべき薬師如来は寛永寺の本尊として迎えられた。江戸城と浅草寺の位置関係を考慮して増上寺や寛永寺の場所が求められた可能性すら浮上するのではなかろうか。

そして先にも触れたが、徳川家康は増上寺に宋《そう》版・元《げん》版・高麗《こうらい》版の一切経を施入していた。重要な論点である。

いずれにせよ江戸においても安穏の装置は認められることになる。

戦国時代を経ても本拠に極楽往生と現世利益の装置を設けることは忘れられていなかっ

た。武家が自らの本拠地を設計するにあたって、軍事的な視点のみでグランドデザインを描いていなかったことは明らかであり、中世から近世にかけて、同じ思想が背景にあったことを窺わせる。すなわち軍事的視野のみで城館は考えられないのである。

ふたたび「〝城〟とは何か！」

中世前期の史料に見られる「城」と「城郭」とはおそらくは本質的には同じ実態のものではないのだろう。「城郭」とは戦争状態に際して臨時に登場するもので、忌避される対象であり、本来は存在が認められないと観念された存在であった。これに対して、「城」は京都に付されるとおり、戦争状態とは切り離されて呼称されている。そして本書で論述したとおり、日常的な本拠の空間と密接な関わりを持ち、安穏を希求しかつ保証する空間と考えられる。それは中国の「城」の語が都市を指していたこととも関連する。「城」と「城郭」は別の実態を指しているのは間違いなかろう。いいかえるならば〝城〟の語が持つ背景が中国に語源を持つ安穏の空間の「城」から、今日のわれわれが認識するような合戦で舞台となるような軍事的な「城郭」へと概念が変化しつつあることを示しているのであろう。

そもそも「城郭」の語は中国から伝来した古代都城に関わる語で、「城」と「郭」の合成語である。概念的にはいずれも城壁を指しており、二重にめぐらされた城壁の内側を

「内城《ないじょう》」「外城《とじょう》」という語があるが、「内城」、外側を「郭」と呼んだ。都城の用語で「内城」が「城」に、「外城」が「郭」にあたる。城館用語の「外郭線」はまさに「郭」の語彙の本質を詳細にした語になる。基本的には古代都城制に関わる語であるため、中世前期の段階でどれほど実態と関連していたかは慎重にしなければならない。しかし、九条兼実も『玉葉《ぎょくよう》』の中で「宮城外郭」の語を用いており、「城」と「郭」に区別は存在したと考えられる。

近年、川島茂裕は『吾妻鏡』の用例から、「郭」は「城」だけの専有物ではなく、寺・院・堂、政所《まんどころ》・問注所《もんちゅうじょ》、御所・亭第・館にも設備されていたと指摘する。コアの施設を広大に取り囲む施設が「郭」であると考察している。川島は「郭」に土偏がつく「埻」と木偏がつく「槨」があることに注目し、「郭」の材料の差に基づくと指摘する（川島二〇〇四）。構築材の差も踏まえ「郭」の本質に鋭く切り込んでいる。

この観点で今一度、振り返ってみると、九条兼実は「城」の語を本拠の意味で使用していたし、悪党《あくとう》の活動などに典型的に記されるような臨時のものには「城郭」という語が使用されていた。中世において「城郭」の語が、戦乱の際に臨時的な施設で登場したということを想起した際、「非日常的な軍事構築物」の本質は「郭」にあったのではなかろうかと考えるに至る。

そもそも内側の「城」は日常的な空間であり、戦乱に際して防備を強化するために「郭」を臨時的に付加したことは考えられる。戦乱に際して、外側の区画は最初に戦闘が行われる場所であり、多くは外側の区画と道の交点がその場となる。戦場をその場に限り、かつ臨時性を加味して考えるならば、その場にバリケード的な構築物が思い浮かぶ。絵巻物などにも描かれる光景である。「戦国山城の出現」の章でのべた川合康の指摘する城郭論との接点はここに生まれる（川合一九九六）。

一四世紀以降一六世紀にかけて、東国では「外城」の語を見ることができるようになる。外側の城壁を指すと考えるならば、「外城」も「郭」も同じものになる。時代の変化で語彙に乱れが生じたとも考えられる。しかし、文献資料に見られる「外城」は恒常的な施設を指し示している。臨時的に築かれる「郭」が、恒常的に営まれ「外城」に言い換えられたのではなかろうか。「城」と「郭」の本質的な差を恒常性と臨時性に認めることもできるのではなかろうか。つまり、日常的な本拠としての「城」と、戦乱に際して臨時に外周を囲い込む「郭」である。

「城」と「城郭」。「お城」のイメージが、一五世紀中頃に、本拠としての「城」から軍事的要塞としての「城郭」へと変化したとすれば、峻別されることのなかった二つの語の差に注目すること、そして「郭」の語に注目することは意味のあることになろう。そしてこの論点は近世の「城」をも考え得る視点になるのではなかろうか。

武士と軍事は切っても切れない関係にあることは間違いない。しかし、武士という存在を軍事のみで考えようとしたことはなかったであろうか。地方の農村に生まれた武士が巨大な領主に成長していく姿を、軍事的サクセス・ストーリーとして理解しようとしてはいなかったろうか。この推測が的を射ているならば、その背後には近代国家が理想とした兵士の姿を思い浮かべることもできるように感じる。中世と近代のイメージの峻別を可能とする要素は、軍事的要素以外の武士の側面である。このことに注目した時、中世城館の持つ多様性が明らかになり、「〝城〟とは何か!」の回答にも今一歩迫ることができるのではなかろうか。

本書で描いた「城」像は、東西方向の谷に道を通し、それを軸として屋敷・寺社などが展開する空間というわずかに一側面のみである。伊達八幡館や安養寺森西遺跡については さらなる歴史像が要求されよう。したがって、予想される空間構造はこの一例にとどまるものではない。たとえば鶴岡八幡宮を軸とするタテ軸の都市は京都嵯峨と比較できるとする研究がある。タテ軸の都市設計が本書の論じたヨコ軸の都市設計とは別の次元で誕生し、鎌倉にもたらされている。その空間を通説では中世都市鎌倉の構造と考えていた。そして鶴岡八幡宮は列島各地に勧請されている。タテ軸の都市設計も当然ながら武家社会で模倣されている。また考古学で論じる平地にある方形居館の問題もある。本書で描いた像だけでは語り尽くすことはできない。

「〝城〟とは何か！」、この設問の回答は、さらに先にもあるのであろう。

あとがき

本書を執筆する過程で、随分と考察が進んだ。と言うよりは構想は進んだが、論証が追いつかなくなった。その最大の理由は、中世東国の地域史や城館を専門とする自分が、仏教史の分野にまで考察の範囲を広げたことにある。極楽浄土《ごくらくじようど》・現世利益《げんぜりやく》の語で示されたように、国家論や思想史の分野で論じられる事象を地域史のレベルで論じようとした。結果として本書の特徴にはなったのだが。本来なら、構想の全てを論証した上で本書に挑むべきであったかもしれない。しかし種々の事情から、現時点で可能と思えた範囲での叙述となった。それでも中世武士に関する新しい歴史像の提起はできたのではないかと思っている。

しかし、「〝城〟とは何か」と自ら発した設問に対して、残した課題は少なくない。そこで五点の課題をあとがきに記させていただき、今後の展望としたい。

まず第一に現世利益のとらえ方である。おそらく現世利益は所願成就《しょがんじょうじゅ》と病気平癒《へいゆ》の二つに分離できるであろう。中世の人々が所願成就を祈願する対象は観音菩薩《かんのんぼさつ》であり、病気平癒は薬師如来《やくしにょらい》となる。たとえば、平泉《ひらいずみ》では毛越寺《もうつうじ》の本尊は薬師如来である。鎌倉の場合は永福寺《ようふくじ》には阿弥陀堂《あみだどう》と薬師堂が建立されている。永福寺の付近には大蔵《おおくら》観音堂と呼ばれた杉本寺《すぎもとでら》があった。近世初頭の江戸では観音菩薩は浅草寺《せんそうじ》であり、薬師如来は徳川家によって建立された寛永寺《かんえいじ》である。現時点での予想としては、観音菩薩は南を、薬師如来は東を位置する場としていた。西は極楽浄土であるから阿弥陀如来の方向である。これらの方向性を念頭に置いて、地域の中で阿弥陀如来・観音菩薩そして薬師如来の関係を具体的に追究しなければならないのだろう。

第二に阿弥陀如来・観音菩薩そして薬師如来以外の仏が地域社会でいかなる役割を負ったかである。とりわけ不動明王《ふどうみょうおう》である。不動明王像には鎌倉末・南北朝という時代に造立されたものが多く、かつ優品が多いように感じる。造立の背景にはモンゴル戦争という戦乱の世相がある。戦争による対外的恐怖から逃れることを目的として不動明王を造立したのではなかろうか。それは天上での神々の戦争への派遣が意図されていなかっただろうか。憤怒の形相には戦争を勝利を導く勇ましさが感じられる。

それから地蔵菩薩の役割もである。以前に境界との関連で考えたことがあるが、地域社会の視点で見直す必要があると感じている。さらには釈迦《しゃか》如来や大日《だいにち》如来はどのように考えるか。地域社会における仏の役割はまだ考えなくてならない。

第三には経典の問題がある。西日本では『大般若波羅蜜多経《だいはんにゃはらみったきょう》』の研究は進んでいるが、東日本では遅れている。例えば関東では智感版《ちかんばん》と呼称される鎌倉府が関係する木版による『大般若波羅蜜多経』の存在が知られている。近年、智感版は春日《かすが》版と同一であるとする見解が示された。しかし、この提起を受けての具体的追求はまだ行われていない。そもそも追究するためのデータの集成すら進んでないのである。各地に残る『大般若波羅蜜多経』が集成される中で、必ずや新たなることが見えてくるはずである。

そもそも「二に曰く、篤《あつ》く三宝《さんぽう》を敬へ」と聖徳太子《しょうとくたいし》は憲法一七条で説いていた。三宝とは仏・法・僧であると高校時代に教えられた。ところがこの意味を真剣に考えたことはなかった。仏教の教えが実現されるためには、仏像・経典・僧がセットにならなければならない。地域社会に三宝がどのようにもたらされたか。具体的に考えたことはなかった。あるいは文化財としてリスト化されている仏像と経典を丁寧に再点検するなかで、何らかの考察の糸口が見つけられるのかもしれない。おそらく三宝の檀那《だんな》として武家の役割が浮かび上がってくるのではなかろうか。

そして最大の課題となる第四は、地域の中で武家の屋敷と諸寺院の相対的な関係を明らかにすることである。

本書は研究フィールドの関係から関東地方を中心とした東国が対象となっている。開発所領・名字《みようじ》の地など本貫《ほんがん》の地では武士の支配権は絶対的なものであったろう。しかし新《しん》補《ぽ》の地ではそうはいかない。中央の権門が荘園領主であり、権門の支配権が確立した地域社会では武士は新参者にすぎなかった。

安芸《あき》国三入《みいりの》庄《しよう》に西遷《せいせん》した熊谷《くまがい》氏の注文には、庄内の八幡宮《はちまんぐう》と大歳神《たいさいじん》の祭礼については荘官や百姓が行うため、配分を守って勤めよと指示されていた。熊谷氏は従前の秩序に参画する立場であった。そこには既に現世利益の装置があったことになる。

そのような地域にあっては、寺社を主眼においた独自の視点を用意しなければならない。東国であっても、寺僧は絶えず京都や鎌倉とを環流していた。地域は武家の独占する所ではなかった。荘園制の論理とは異なった次元で、過大に表現すれば列島を覆うネットワークの一部に地域寺院も組み込まれていた。

寺社に主軸を置いて地域社会を考えると、武家の本拠モデルも、より広義の枠組みを用意しなければならないことになる。本書では東国の事例を中心に、武家を軸として論じてきた。武家の屋敷が主で寺社は従の位置となり、寺社は武家の屋敷を補完する役割に甘んじていたかのようである。武家優位の地域社会では確かにこのように捉えられるのであろう。しかし、寺社優位の地域では武家の屋敷は空間的にも補完的な位置づけだったかもしれない。地域の武力装置としての武家と極楽往生・現世利益の装置としての寺社が、バランスをとって支配装置を構成していたに違いない。換言するならば浄土系《じょうどけい》寺院・顕密《けんみつ》寺院などの寺家、そして武家が加わり、総体として地域社会と向き合っていた。寺家は京都や鎌倉の本寺との関係があり、経典が地方へともたらされ、僧が送り込まれる。武家は幕府御家人として、もしくは京都の公家《くげ》との関係を結び武芸をもって在地支配に参画する。それぞれが中央とのパイプを持ち、総体として地域社会に対峙していた。比喩的に「地域社会の権門体制」ということもできるのではなかろうか。糸口は地域社会論からであったが、この時点で論点は国家論にまで枠を広げたことになる。

最後に忘れてはならない課題がある。本文のなかでも触れたが、本書で描いた本拠のモデルは唯一絶対的なモデルではない。描写した以外の本拠のモデルが必要で、多様な本拠の景観が描かれる必要がある。具体的な方策の一つは方形《ほうけい》居館論の発展的継承であろう。

この点についてはひとつの見通しを得ているが、今少し事例を追究してみたい。

これらの五つの課題に私の置かれた研究環境で取り組み、そして数年で成果を生み出すことはとても困難に思えた。いずれも西国においてフィールド・ワークを実施したり、文化財情報を得て調査を行わなければならない。簡単なことではない。息の長い課題として取り組んでいきたい。

いずれもふとした思いつきから考察が始まった。家族で出かけた旅行で見たもの。史跡整備の関係で知ったこと。依頼によって考え始めたこと。どれも多くの方々のお世話で、新たな世界に出会えたからと実感している。いつもながら浅野晴樹さん、小野正敏さん、橋口定志さん、峰岸純夫さんには多くのご教示やご叱責をいただいた。吉川弘文館編集部の一寸木紀夫さんには思いつきをまとめる機会を与えていただき、鎌本亜弓さんには製作のお手をわずらわせた。家族を含め、お世話になった多くの方々への感謝を忘れることはできない。

二〇〇六年七月吉日

齋藤慎一

参考文献

浅野晴樹　一九八四「埼玉県出土の中世陶器(3)」『埼玉県立歴史資料館研究紀要』第六号

一九九三「北武蔵出土の中世陶磁器」埼玉県立歴史資料館博物館特別展『つぼ・かめ・すりばち』展示図録

足利市教育委員会　二〇〇四『鑁阿寺の宝物』展図録

網野善彦・石井進・福田豊彦　一九九〇『沈黙の中世』平凡社

新井孝重　一九九一「南北朝内乱の評価をめぐって」『争点日本の歴史4　中世編』新人物往来社

石井　進　一九八七『鎌倉武士の実像』（平凡社選書一〇八）

一九九二「中世と考古学」中世の里シンポジウム実行委員会編『北の中世』日本エディタースクール出版部

石川安司　一九九六「比企地方の中世瓦(2)(3)―資料の補遺と同笵・同文異笵瓦を中心に―」『比企丘陵』第2号

市村高男　一九八七「中世城郭論と都市についての覚書」『歴史手帖』一五―Ⅳ

稲城信子　一九八九「神仏習合資料としての大般若経」『中世村落寺社の研究調査報告書』

大塚活美　二〇〇〇「中世の巡礼札」『京都文化博物館研究紀要　朱雀』第一二集

大澤伸啓　一九九三「鎌倉時代関東における浄土庭園を有する寺院について」『唐澤考古』一二

小川　信　二〇〇三　「中世足利の都市的空間」『中世東国の風景1　北関東』高志書院
岡陽一郎　二〇〇四　「幻影の鎌倉城」『中世都市鎌倉の実像と境界』高志書院
　二〇〇五　「中世都市鎌倉の成立と変貌」『中世都市研究』11　新人物往来社
小川　信　一九八八　「下野の国府と府中について」『栃木史学』二号（後に、思文閣史学叢書『中世都市「府中」の展開』〈二〇〇一〉所収）
小国浩寿　二〇〇一　『鎌倉府体制と東国』吉川弘文館
小野正敏　二〇〇四　「中世武士の館、その建物系譜と景観」『中世の系譜』高志書院
小山市　一九八四　『小山市史』通史編Ⅰ　自然・原始・古代・中世
海津一朗　一九九〇　「南北朝内乱と美濃真壁氏の本宗家放逐—『観応三年真壁光幹相博状（置文）』の再検討—」『豊島区郷土資料館紀要生活と文化』四号
蔭山兼治　二〇〇四　「『堀内』の再検討—その実態と論理」「琵琶湖博物館研究調査報告」第二一号
加増啓二　一九九七　「大般若経—経巻に護られたミクロ・コスモス—」『歴史手帖』第二五巻第一号
川合　康　一九九六　『源平合戦の虚像を剥ぐ』講談社メチエ七二
川島茂裕　二〇〇四　「『吾妻鏡』に見える郭について」『岩手考古学』第一六号
久保田順一　二〇〇五　『新田一族の戦国史』あかぎ出版
黒田俊雄　一九八一　「仏教史学研究」二四—一（後に、『黒田俊雄著作集』第三巻　顕密仏教と寺社勢力〈法蔵館　一九九五〉に所収）
群馬県　一九八九　『群馬県史』通史編三　中世

群馬県太田市　一九八六『太田市史』通史編　中世
群馬県太田市教育委員会　一九九六『金山城と由良氏』
群馬県教育委員会ほか　一九九五（財）群馬県埋蔵文化財調査事業団発掘調査報告書第一九〇集『安養寺森西遺跡大舘馬場遺跡　阿久津宮内遺跡』
小林一岳　二〇〇一『日本中世の一揆と戦争』校倉書房
五味文彦　二〇〇四「鎌倉の景観と文化—鎌倉への視座（3）」『文献と遺跡』第三号
埼玉県児玉町教育委員会　一九九一『真鏡寺後遺跡Ⅲ』
齋藤慎一　二〇〇二『中世東国の領域と城館』吉川弘文館
二〇〇五「遠江国沿岸荘園の空間構造—湊・「中」・要害—」『中世の伊豆・駿河・遠江』高志書院
坂戸市教育委員会　一九九二『坂戸市史』通史編Ⅰ
一九九六『中世のさかど』
静岡県菊川町教育委員会　一九九九『静岡県指定史跡　横地城跡総合調査報告書』
二〇〇〇『静岡県指定史跡　横地城跡総合調査報告書　資料編』
一九九七『堀田城跡（第2次調査）』
二〇〇四『堀田城跡発掘調査報告書—第4次調査』
史跡を活用した体験と学習の拠点形成事業実行委員会　二〇〇五『シンポジウム埼玉の戦国時代　検証比企の城』資料

上越市　二〇〇四『上越市史』通史編二　中世
大東町教委　一九九七　ふるさと双書④『大東町の地名』
高橋慎一郎　二〇〇五『武家の古都、鎌倉』山川出版社（日本史ブックレット）
竹内千早　一九八九「堀の内論の再検討」『歴史学研究月報』三五〇
玉井哲雄　一九九六「武家住宅」『絵巻物の建築を読む』東京大学出版会
取手市教育委員会　一九九一『取手市史』通史編Ⅰ
中澤克昭　一九九九『中世の武力と城郭』吉川弘文館
新潟県　一九八七『新潟県史』通史編二　中世
新潟県十日町市教育委員会　二〇〇五　十日町市埋蔵文化財発掘調査報告書第二六集『伊達八幡館跡発掘調査報告書』
新田町　一九八四『新田町誌』第四巻　特集編　新田荘と新田氏
橋口定志　一九七五「最近の中世城館の考古学的調査例から」『貝塚』一五
一九八七「考古学から見た居館」『第二回全国城郭研究者セミナー』レジュメ
二〇〇四「中世前期居館の展開と戦争」『【もの】からみる日本史戦争Ⅰ』青木書店
羽柴直人　二〇〇一「平泉を構成する地割」『日本考古学協会二〇〇一年度盛岡大会研究発表資料集』
二〇〇四「政権都市としての平泉」『中世都市史研究9　政権都市』新人物往来社
東松山市　一九八一『東松山市史』資料編第一巻
福島県喜多方市　一九九五『喜多方市史』四　考古・古代・中世

益子西明寺　二〇〇一　『益子西明寺に伝わる木彫群―解体修理と復元の記録―』
村田修三　一九九五　「史料としての城館」『中世史料論の現在と課題』名著出版
八重樫忠郎　二〇〇五　「平泉における寺院」『中世の都市と寺院』高志書院
綾 瀬 市　一九九一　『綾瀬市史』Ⅰ　資料編　古代・中世
峰岸純夫　一九七八　「小山文書についての覚書」小山市史研究1
早稲田大学本庄校地文化財調査室　一九九五　『大久保山Ⅲ』
　一九九八　『大久保山Ⅵ』
　一九九九　『大久保山Ⅶ』
ＮＨＫ　一九九七　『毛利元就展』図録

著者紹介

一九六一年、東京都に生まれる
一九八九年、明治大学大学院文学研究科博士後期課程中退
二〇〇一年、史学博士（論文 明治大学）
現在、（財）東京都歴史文化財団江戸東京博物館学芸員

主要著書
中世東国の領域と城館　中世東国の世界1・2・3（編著）　戦国時代の終焉

歴史文化ライブラリー
218

中世武士の城

二〇〇六年（平成十八）十月一日　第一刷発行
二〇一四年（平成二十六）四月一日　第三刷発行

著　者　齋《さい》藤《とう》慎《しん》一《いち》
発行者　前田求恭
発行所　株式会社 吉川弘文館
東京都文京区本郷七丁目二番八号
郵便番号一一三―〇〇三三
電話〇三―三八一三―九一五一〈代表〉
振替口座〇〇一〇〇―五―二四四
http://www.yoshikawa-k.co.jp/

印刷＝株式会社 平文社
製本＝ナショナル製本協同組合
装幀＝山崎　登

ISBN978-4-642-05618-2

歴史文化ライブラリー

1996.10

刊行のことば

現今の日本および国際社会は、さまざまな面で大変動の時代を迎えておりますが、近づきつつある二十一世紀は人類史の到達点として、物質的な繁栄のみならず文化や自然・社会環境を謳歌できる平和な社会でなければなりません。しかしながら高度成長・技術革新にともなう急激な変貌は「自己本位な刹那主義」の風潮を生みだし、先人が築いてきた歴史や文化に学ぶ余裕もなく、いまだ明るい人類の将来が展望できていないようにも見えます。このような状況を踏まえ、よりよい二十一世紀社会を築くために、人類誕生から現在に至る「人類の遺産・教訓」としてのあらゆる分野の歴史と文化を「歴史文化ライブラリー」として刊行することといたしました。

小社は、安政四年（一八五七）の創業以来、一貫して歴史学を中心とした専門出版社として書籍を刊行しつづけてまいりました。その経験を生かし、学問成果にもとづいた本叢書を刊行し社会的要請に応えて行きたいと考えております。

現代は、マスメディアが発達した高度情報化社会といわれますが、私どもはあくまでも活字を主体とした出版こそ、ものの本質を考える基礎と信じ、本叢書をとおして社会に訴えてまいりたいと思います。これから生まれでる一冊一冊が、それぞれの読者を知的冒険の旅へと誘い、希望に満ちた人類の未来を構築する糧となれば幸いです。

吉川弘文館

歴史文化ライブラリー

中世史

源氏と坂東武士——野口 実
鎌倉源氏三代記 一門・重臣と源家将軍——永井 晋
吾妻鏡の謎——奥富敬之
鎌倉北条氏の興亡——奥富敬之
都市鎌倉の中世史 吾妻鏡の舞台と主役たち——秋山哲雄
源 義経——元木泰雄
弓矢と刀剣 中世合戦の実像——近藤好和
騎兵と歩兵の中世史——近藤好和
その後の東国武士団 源平合戦以後——関 幸彦
声と顔の中世史 戦さと訴訟の場景より——蔵持重裕
運 慶 その人と芸術——副島弘道
北条政子 尼将軍の時代——野村育世
乳母の力 歴史を支えた女たち——田端泰子
荒ぶるスサノヲ、七変化〈中世神話〉の世界——斎藤英喜
曽我物語の史実と虚構——坂井孝一
日 蓮——中尾 堯
捨聖《すてひじり》一 遍——今井雅晴
神や仏に出会う時 中世びとの信仰と絆——大喜直彦
神風の武士像 蒙古合戦の真実——関 幸彦
鎌倉幕府の滅亡——細川重男
足利尊氏と直義 京の夢、鎌倉の夢——峰岸純夫
東国の南北朝動乱 北畠親房と国人——伊藤喜良
中世の巨大地震——矢田俊文
大飢饉、室町社会を襲う！——清水克行
平泉中尊寺 金色堂と経の世界——佐々木邦世
贈答と宴会の中世——盛本昌広
中世の借金事情——井原今朝男
庭園の中世史 足利義政と東山山荘——飛田範夫
土一揆の時代——神田千里
山城国一揆と戦国社会——川岡 勉
一休とは何か——今泉淑夫
中世武士の城——齋藤慎一
武田信玄——平山 優
歴史の旅 武田信玄を歩く——秋山 敬
武田信玄像の謎——藤本正行
戦国大名の危機管理——黒田基樹
戦乱の中の情報伝達 使者がつなぐ中世京都と在地——酒井紀美
戦国時代の足利将軍——山田康弘
戦国を生きた公家の妻たち——後藤みち子

歴史文化ライブラリー

鉄砲と戦国合戦 ―― 宇田川武久
よみがえる安土城 ―― 木戸雅寿
検証 本能寺の変 ―― 谷口克広
加藤清正 朝鮮侵略の実像 ―― 北島万次
北政所と淀殿 豊臣家を守ろうとした妻たち ―― 小和田哲男
偽りの外交使節 室町時代の日朝関係 ―― 橋本 雄
朝鮮人のみた中世日本 ―― 関 周一
ザビエルの同伴者 アンジロー 戦国時代の国際人 ―― 岸野 久
海賊たちの中世 ―― 金谷匡人
中世 瀬戸内海の旅人たち ―― 山内 譲

文化史・誌

楽園の図像 海獣葡萄鏡の誕生 ―― 石渡美江
毘沙門天像の誕生 シルクロードの東西文化交流 ―― 田辺勝美
世界文化遺産 法隆寺 ―― 高田良信
語りかける文化遺産 ピラミッドから安土城・桂離宮まで ―― 神部四郎次
落書きに歴史をよむ ―― 三上喜孝
密教の思想 ―― 立川武蔵
霊場の思想 ―― 佐藤弘夫
四国遍路 さまざまな祈りの世界 ―― 星野英紀・浅川泰宏
跋扈《ばっこ》する怨霊 祟りと鎮魂の日本史 ―― 山田雄司
藤原鎌足、時空をかける 変身と再生の日本史 ―― 黒田 智
変貌する清盛 『平家物語』を書きかえる ―― 樋口大祐
鎌倉 古寺を歩く 宗教都市の風景 ―― 松尾剛次
鎌倉大仏の謎 ―― 塩澤寛樹
日本禅宗の伝説と歴史 ―― 中尾良信
水墨画にあそぶ 禅僧たちの風雅 ―― 高橋範子
日本人の他界観 ―― 久野 昭
観音浄土に船出した人びと 熊野と補陀落渡海 ―― 根井 浄
浦島太郎の日本史 ―― 三舟隆之
宗教社会史の構想 真宗門徒の信仰と生活 ―― 有元正雄
読経の世界 能読の誕生 ―― 清水眞澄
戒名のはなし ―― 藤井正雄
仏画の見かた 描かれた仏たち ―― 中野照男
ほとけを造った人びと 止利仏師から運慶・快慶まで ―― 根立研介
〈日本美術〉の発見 岡倉天心がめざしたもの ―― 吉田千鶴子
祇園祭 祝祭の京都 ―― 川嶋將生
茶の湯の文化史 近世の茶人たち ―― 谷端昭夫
海を渡った陶磁器 ―― 大橋康二
時代劇と風俗考証 やさしい有職故実入門 ―― 二木謙一
歌舞伎の源流 ―― 諏訪春雄